Anne Marlen Hartmann

Alter(n) und betriebliche Weiterbildung älterer Arbeitnehmer (55 +)

Eine Einführung

Diplomica® Verlag GmbH

Hartmann, Anne Marlen: Alter(n) und betriebliche Weiterbildung älterer Arbeitnehmer (55 +): Eine Einführung. Hamburg, Diplomica Verlag GmbH 2013

ISBN: 978-3-8428-9126-5
Druck: Diplomica® Verlag GmbH, Hamburg, 2013

Bibliografische Information der Deutschen Nationalbibliothek:
Die Deutsche Nationalbibliothek verzeichnet diese Publikation in der Deutschen Nationalbibliografie; detaillierte bibliografische Daten sind im Internet über http://dnb.d-nb.de abrufbar.

Die digitale Ausgabe (eBook-Ausgabe) dieses Titels trägt die ISBN 978-3-8428-4126-0 und kann über den Handel oder den Verlag bezogen werden.

© Diplomica Verlag GmbH
http://www.diplomica-verlag.de, Hamburg 2013
Printed in Germany

Inhaltsangabe

1. Einleitung

Der demographische Umbruch der letzten 30 Jahre in der BRD stellt die Unternehmen zunehmend vor bedeutsame Herausforderungen. Dieser Wandel führt zu einer stetigen Abnahme der Bevölkerungszahl und einem stetigen Anstieg der Zahl älterer Menschen. Daraus resultieren ein sinkendes Erwerbspersonenpotenzial und eine Zunahme älterer Erwerbspersonen mit dem Alter 55 +. Damit Unternehmen künftig ihre Produktivität und Wettbewerbsfähigkeit sichern können, müssen sie ältere Arbeitnehmer verstärkt einbeziehen und somit auch ihre Personalentwicklungsmaßnahmen an diese Arbeitnehmergruppe anpassen. Dazu gehört insbesondere der Bereich der betrieblichen Weiterbildung. Diesem Tatbestand gegenüber steht eine geringere Teilnehmerquote an betrieblicher Weiterbildung von älteren Mitarbeitern im Vergleich zu jüngeren Mitarbeitern, obwohl Ältere häufig ein starkes Bedürfnis danach haben, ihre Fähigkeiten auch im Alter einzubringen und zu vertiefen. Daher stellt sich die Frage nach den Ursachen für diese geringere Beteiligung Älterer.

Im ersten Kapitel wird der demographische Wandel mit seinen Folgen auf die Entwicklung des Erwerbspersonenpotenzials ausführlich dargestellt. Da sich die nachfolgenden Kapitel mit dem Thema „ältere Arbeitnehmer" auseinandersetzen, wird im zweiten Kapitel der Forschungsgegenstand Alter(n) und der wissenschaftliche Diskurs dazu umfassend erörtert. Dabei werden insbesondere verschiedene Alterstheorien behandelt und gegenübergestellt. Ebenso werden die Bedeutung von Altersbildern auf die individuelle Einstellung zum Altern und zur Leistungsfähigkeit Älterer thematisiert. Im vierten Kapitel wird der Frage nach der Entwicklung der körperlichen sowie kognitiven Fähigkeiten nachgegangen. Es ist unstrittig, dass einige körperliche Fähigkeiten mit dem Alter abnehmen. Jedoch herrscht in der Wissenschaft keine Einigkeit über den Verlust der kognitiven Fähigkeiten während des Alterungsprozesses. Das fünfte Kapitel beschäftigt sich mit dem Bereich der betrieblichen Weiterbildung. Zunächst werden die Begriffe „Weiterbildung" und „betriebliche Weiterbildung" geklärt. Des weiteren werden die wichtigsten Lernformen von betrieblicher Weiterbildung aufgezeigt. Danach wird die Beteiligung an betrieblicher Weiterbildung nach Altersgruppen aufgeführt. Da Ältere geringere Teilnahmequoten aufweisen als Jüngere werden Barrieren für die Weiterbildungsbeteiligung Älterer analysiert. Dazu zählt selbstverständlich auch die Notwendigkeit einer Anpassung der Weiterbildungsmaßnahmen an die Bedürfnisse älterer Arbeitnehmer. Die Ausführungen werden durch Daten des Statistischen Bundesamtes untermauert.

2. Wandel der demographischen Lage und des Erwerbskräftepotenzials

Wie alle modernen Gesellschaften ist auch die BRD einem demographischen Wandel unterworfen. Dieser ist insbesondere durch den Geburtenrückgang bei gleichzeitig steigender Lebenserwartung der Bevölkerung geprägt, die eine Verschiebung der Altersstruktur bewirkte. Der Trend vollzieht sich seit den letzten 30 Jahren und wird sich künftig verstärken. Im Jahre 2029 wird die Generation des Babybooms bei gleichzeitig anhaltenden Geburtenrückgang älter als 65 Jahre sein. Dieses hat massive Auswirkungen auf die Entwicklung des Erwerbspersonenpotenzials.

Das nachfolgende Kapitel zeigt eine Bestandsanalyse der aktuellen demographischen Bevölkerungslage und des Erwerbspersonenpotenzials. Weiterhin werden Prognosen zur Entwicklung bis zum Jahre 2060 dargestellt.

2.1 Demographischer Wandel

Der Begriff „Demographie" bezeichnet die Beschreibung der Struktur und Entwicklung der Bevölkerungszahlen mit Hilfe der Bevölkerungsstatistik. Dabei werden die Variablen Fertilität (Geburtenrate), Mortalität (Sterblichkeit) sowie Migration (Anzahl der Zu- und Abwanderungsbewegungen) der Bevölkerung betrachtet. Anhand der Größe, Verteilung, Struktur und Dynamik auf dem betrachteten Gebiet können Prognosen künftiger Tendenzen getroffen werden.

Der Begriff „Bevölkerung" meint die Gesamtheit der Einwohner in einem politisch abgegrenzten Gebiet. Die demographische Entwicklung wird durch soziale Faktoren beeinflusst. In diesem Kontext wird vom demographischen bzw. sozialen Wandel gesprochen.

Die folgenden Daten sind der Bevölkerungsstatistik des Statistischen Bundesamtes entnommen. Die Bevölkerungszahl wird anhand der Bevölkerungsfortschreibung ermittelt. Seit dem Jahre 2006 ist die Bevölkerungszahl gesunken. Während im Jahre 2006 in der BRD ca. 82,3 Mio. Menschen lebten, waren es 2009 ca. 81,8 Mio., davon 51 % Frauen und 49 % Männer. Dabei lag der Anteil der ausländischen Bevölkerung bei 8,7 %. In den alten Bundesländern lebten 65,4 Mio. Menschen und in den neuen Bundesländern 12,9 Mio. und in Berlin 3,4 Mio.

Der Rückgang der Bevölkerungszahl ist auf den kontinuierlichen Geburtenrückgang seit Anfang der 70er Jahre vor allem in der deutschen Bevölkerung zurück zuführen. Lag in der Phase des Babybooms im Jahre 1964 die Geburtenzahl noch bei 1,36 Mio. Kindern, so lag diese 2005 bei 700.000 Kindern und 2009 nur noch bei 665.000 Kindern. Im Jahre 2009 lag die durchschnittliche Kinderzahl pro Frau bei 1,36. Zum Erhalt der Bevölkerung ist eine durchschnittliche Kinderzahl von 2,1 pro Frau erforderlich. Das Geburtendefizit beträgt derzeit 189.000 Kinder. Seit Jahrzehnten werden weniger Kinder geboren, als Menschen sterben. Die Zahl der Zuwanderungen aus dem Ausland kann den Bevölkerungsrückgang nicht aufhalten.

Zeitgleich zum Geburten- und Bevölkerungsrückgang ist die durchschnittliche Lebenserwartung angestiegen. Im Zeitraum von 1871 bis 1881 lag die durchschnittliche Lebenserwartung für neugeborene Mädchen bei 38,4 Jahren und für neugeborene Jungen bei 35,6 Jahren. Nach der Sterbetafel 2007/2009 lag die Lebenserwartung für neugeborene Mädchen bereits bei 82,5 Jahren sowie bei neugeborenen Jungen bei 77,3 Jahren. Damit hat sich die durchschnittliche Lebenserwartung in der Bevölkerung während der letzten 130 Jahre mehr als verdoppelt. Als Gründe dafür ist insbesondere der medizinische Fortschritt zu benennen. Dadurch entstand eine Veränderung in der Altersstruktur der Gesamtbevölkerung. Die Gruppe der Kinder und Jugendlichen nahm ab, während die Gruppe der Personen im erwerbsfähigen Alter und Rentenalter zunahm.

Im Jahre 2009 kamen 65 Personen außerhalb des erwerbsfähigen Alters auf 100 Personen im erwerbsfähigen Alter. Dabei lag der Anteil der Kinder und Jugendlichen (0 bis unter 20-Jährigen) bei 18,8 %, der 20- bis 65-Jährigen bei 60,6 %, der 65- bis

80-Jährigen bei 15,6 % und der Hochbetagten (80 Jahre und älter) bei 5,1 %. Damit übersteigt der Altenquotient den Jugendquotienten. 2009 entfielen auf 100 Personen im erwerbsfähigen Alter (20 bis 65 Jahre) 34 ältere Menschen (65 Jahre und älter). Bei der Gruppe der unter 25-Jährigen waren es 31 Kinder und Jugendliche.

Den Altersaufbau zeigt Abb. 1. Dieser wird sinnbildhaft mit einem Dönerspieß oder einer Wettertanne verglichen (vgl. Geißler; Meyer 2011, S. 41 ff.; vgl. Grobecker u.a. 2011, S. 11 ff.).

Abbildung 1: Altersaufbau der Bevölkerung Deutschlands 2009 je Altersjahr, in 1 000 je Altersjahr, Stand: 31. Dezember 2009

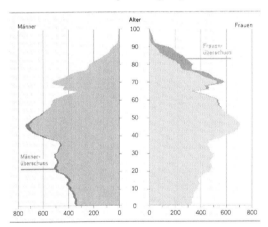

Quelle: Grobecker u.a. 2011, S. 13

2.2 Bevölkerungsvorausberechnung

Die Geburtenrate hat direkte Auswirkungen auf den Altersaufbau der Bevölkerung. Die Stärke einzelner Jahrgänge beeinflusst die Höhe der Geburten und Sterbefälle und hat langfristige Folgen auf die Entwicklung einzelner Altersgruppen. Auf der Datenlage der bisherigen demographischen Tendenzen werden mit Hilfe von Fortschreibungsverfahren Annahmen zu einer langfristigen Bevölkerungszahl und -struktur berechnet. Die folgenden Daten entstammen der 12. koordinierten Bevölkerungsvorausberechnung des Statistischen Bundesamtes. Die Annahmen haben aufgrund der Langfristigkeit einen Modellcharakter und beziehen sich auf die Ober- und Untergrenze der mittleren Bevölkerung. Bei den Annahmen werden eine durchschnittliche Geburtenzahl von 1,4 Kinder pro Frau, eine Zunahme der Lebenserwartung bei Neugeborenen um 7 bis 8 Jahre sowie 100.000 bis 200.000 mehr Zuwanderungen als Abwanderungen erwartet. Das Geburtendefizit wird im Jahre 2020 über 280.000 Kinder und 2060 etwa 550.000 Kinder betragen. Dieser Verlauf resultiert vor allem aus der von Generation zu Generation sinkenden Zahl junger Frauen bzw. potenzieller Mütter. Im Jahre 2030 wird ein Bevölkerungsrückgang von ca. 3% bis 5% erfolgen. Die Einwohnerzahl wird 2060 zwischen 64,7 bis 70,1 Mio. Menschen liegen. Besonders dramatisch ist die Verschiebung der Altersstruktur in der Bevölkerung. Die Anzahl der 20 bis 64-Jährigen wird von derzeit 50 Mio. Menschen im Jahre 2035 auf 39 bis 41 Mio. sinken. Die Zahl der über 65-Jährigen wird demgegenüber von derzeit 17 Mio. Ende 2030 auf ca. 24 Mio. ansteigen. Das bedeutet eine Zunahme von 40% zur aktuellen Rate. Die Anzahl der Hochbetagten (80 Jahre oder älter) wird sich von derzeit 4 Mio. bis 2060 auf 9 Mio. erhöhen. Im Jahre 2060 werden etwa 16% unter 20-Jährige sein, ca. die Hälfte der Bevölkerung wird im erwerbsfähigen Alter sein und ein Drittel der Bevölkerung wird 65 Jahre oder älter sein. Der Altenquotient (65-Jährige oder älter) wird 2030 bei 51 bis 53 sein und 2060 bei 63 bis 67. Die Bundesregierung hat infolge des beschriebenen Wandels und auch der Belastungen für die sozialen Sicherungssysteme die Regelaltersgrenze von dem 65. auf das 67. Lebensjahr angehoben. Die Regelung wurde Anfang 2007 vom deutschen Bundestag beschlossen, soll ab 2012 in Kraft treten und 2029 endgültig abgeschlossen sein. Selbst bei der Erhöhung des Renteneintrittsalters auf 67 Jahre würden 100 Personen im erwerbfähigen Alter (20 bis 67 Jahre) zwischen 56 und 59 über 67-Jährige gegenüberstehen (vgl. Bäcker u.a. 2010, Bd. 1, S. 173; vgl. Grobecker u.a. 2011, S. 21 ff.).

2.3 Szenarien des Erwerbskräftepotenzials

Der Umfang und die Struktur der Bevölkerung sind entscheidend für die künftige Entwicklung des Erwerbspersonenpotenzials. Der Geburtenrückgang der letzten 30 Jahre hat zur Folge, dass künftig deutlich weniger und ältere Erwerbskräfte dem ersten Arbeitsmarkt zur Verfügung stehen werden. Das Erwerbspersonenpotenzial ist die Summe aus Erwerbstätigen, Erwerbslosen und der stillen Reserve, welche Personen bezeichnet, die nicht arbeitslos gemeldet sind, aber ihre Arbeitsleistung einbringen könnten. Prognosen zu künftigen demographischen Entwicklungen sind schwer zu treffen, da diese von vielfältigen nicht vorhersehbaren Faktoren determiniert sind. Das Institut für Arbeitsmarkt- und Berufsforschung (IAB) hat basierend auf den bisherigen demographischen Entwicklungen der Geburtenrate und de Lebenserwartung in der Bevölkerung Szenarien des künftigen Erwerbspotenzials projiziert, wovon zwei Varianten im Folgenden vorgestellt werden. Im Jahre 2008 lag das Erwerbspersonenpotenzial bei 44,75 Mio. Menschen. Dieses wird als Ausgangspunkt der Projektionen benannt.

Szenario 1 schließt Wanderungsbewegungen aus und geht von einer konstanten Erwerbsquote aus. Im Jahre 2025 wird das Erwerbspersonenpotenzial auf ca. 38 Mio. und 2050 bei 26,7 Mio. prognostiziert.

Szenario 2 nimmt eine Nettozuwanderung von 100.000 Menschen und steigende Erwerbsquoten an. (Die Erwerbsquoten ergeben sich aus dem Verhalten der potenziellen Erwerbspersonen, d.h. die Ausdehnung der Lebensarbeitszeit, aber auch eine Zunahme der Erwerbsbeteiligung von Frauen und Migranten.) Im Jahre 2025 wäre das Erwerbspersonenpotenzial auf 41,3 Mio. und 2050 auf 32,7 Mio. gesunken.

Aufgrund des demographischen Umbruchs werden dem Arbeitsmarkt künftig verstärkt ältere Arbeitnehmer im Alter von 50 Jahren oder älter zur Verfügung stehen. Basierend auf dem Szenario 2 projiziert das IAB die Altersstrukturentwicklung des Erwerbspersonenpotenzials (vgl. Fuchs u.a. 2011, S. 1 ff.). Die folgende Abbildung zeigt die Verschiebung der Altersstruktur des Erwerbspotenzials. Dieses basiert auf den Projektionen des Szenarios 2 und es wird das Basisjahr 2008 bis zu den Erwartungen im Jahre 2050 dargestellt.

**Abbildung 2: Altersstruktur des Erwerbspersonenpotenzials,
Stand: 2008; Projektionen aus Szenario 2**

Jahr	15 - 29 Jahre	30 - 49 Jahre	50 - 64 Jahre	65 Jahre oder älter	Frauenanteil in %
2008	21,9	50,6	25,5	2,0	45,8
2010	21,7	49,5	26,9	1,9	46,1
2020	19,7	43,8	34,3	2,2	46,2
2030	19,0	46,4	31,1	3,5	46,3
2040	19,1	45,3	32,5	3,1	46,6
2050	18,5	44,9	33,6	3,0	46,6

Quelle: vgl. Fuchs u.a. 2011, S. 4

Die Abbildung zeigt, dass bereits im Jahre 2020 mehr als ein Drittel des Erwerbspersonenpotenzials aus über 50-Jährigen bestehen wird. Der Anteil der Arbeitnehmer
bis 30 Jahre wird hingegen sinken. Es werden also dem Arbeitsmarkt künftig deutlich weniger und ältere Erwerbpersonen zur Verfügung stehen als heute. Das durchschnittliche Alter der Beschäftigten liegt derzeit bei ca. 38,7 Jahren (vgl. Koller;
Gruber 2001, S. 9).

Wie sich das Verhältnis zwischen Arbeitskräfteangebot und -nachfrage künftig
entwickeln wird, ist schwer zu prognostizieren und von diversen unkalkulierbaren
Faktoren wie dem Ölpreis, den Währungsrelationen oder der Weltkonjunktur abhängig (vgl. http://www.doku.iab.de/kurzgraf/2010/kbfolien12102.pdf, gesehen am
03.01.2012).

2.4 Bedeutung älterer Arbeitnehmer für Unternehmen und Sozialpolitik

Zu den betrieblichen Strategien einer Begegnung des Fachkräftemangels und sinkenden Erwerbspersonenpotenzials zählt eine Optimierung der Nutzung von bislang
gering genutzten Ressourcen wie die Erwerbspotenziale von Frauen, älteren Personen und Menschen mit Migrationshintergrund. Dabei kommt der Nutzung des Erwerbspotenzials älterer Arbeitnehmer und entsprechend der Investition in zielgrup-
pengerechte Qualifizierungsmaßnahmen bzw. betriebliche Weiterbildung eine zentrale Rolle zu. Die Qualifikation älterer Arbeitnehmer muss auf einem aktuellen Level

sein, damit sie ihre Ressourcen optimal einbringen können. Bei der Umsetzung der verstärkten Einbeziehung älterer Arbeitnehmer sind nicht nur die betrieblichen Akteure gefragt, sondern es müssen auch auf der politischen Ebene Weichen gestellt werden (bzw. durch die Abschaffung von Frühverrentungsoptionen) (vgl. Bellmann; Leber 2011, S. 169 f.).

Angesichts des Fachkräftemangels und des sinkenden bzw. alternden Erwerbspersonenpotenzials sind ältere Arbeitnehmer für die Betriebe unverzichtbar geworden. Auch wird ihre Arbeitskraft infolge der Situation der sozialen Sicherungssysteme (Krise des Sozialstaates) zum Erhalt der Rente einbezogen werden. Seit der Einführung der Rentenabsicherung durch Bismarck in der Weimarer Republik haben sich die Lebenserwartung der Menschen verdoppelt (vgl. Herrmann 2008, S. 23). Im Vergleich zur Vergangenheit bestehen heute also aufgrund der demographischen Entwicklung völlig andere Voraussetzungen für die Sicherung im Alter.

3. Alter(n)

Nachstehend werden die Auswirkungen des demographischen Wandels auf die Entwicklung des Erwerbspersonenpotenziales behandelt. Eine Strategie von Betrieben, auf den Fachkräftemangel zu reagieren, ist die verstärkte Nutzung der Ressourcen älterer Mitarbeiter (vgl. Bellmann; Leber 2011, S. 169). Da die verstärkte Einbeziehung dieser Mitarbeitergruppe in die Personalentwicklung und dabei in die betriebliche Weiterbildung im Nachfolgenden behandelt werden, werden zunächst die Begrifflichkeiten zu Alter(n) dargestellt. Bei der Definition des Begriffes Alter(n) werden die Sichtweisen unterschiedlicher Forschungsdisziplinen herangezogen. Danach werden Altersbilder analysiert und unterschiedliche Alterstheorien miteinander verglichen.

3.1 Begriff „Alter(n)"

Alter ist ein vielschichtiger, heterogener und nicht eindeutig definierter Begriff. Es gibt keine einheitliche Definition zu Alter(n), Altersbegriffen, zweiter Lebenshälfte oder Altersgrenzen (vgl. Backes; Clemens 2008, S. 11). Wann Menschen auf der kollektiven Ebene als alt gelten ist sehr stark von den Normen des historischen und gesellschaftlichen Kontextes abhängig in dem sie leben. Auf der individuellen Ebene wird Alter(n) sehr subjektiv wahrgenommen. Menschen altern höchst unterschiedlich (vgl. Baltes; Baltes 1992, S. 14). So ist das kalendarische Alter und das tatsächlich empfundene Alter oft verschieden. Es gibt Personen, die sich mit 60 Jahren physisch und psychisch wie 40-Jährige fühlen. Umgekehrt können 35-Jährige einen Lebensstil wie 55-Jährige pflegen.

In der Suche in Lexika findet sich folgende allgemeine Definition: „Unter dem Alter versteht man den Lebensabschnitt rund um die mittlere Lebenserwartung des Menschen, also das Lebensalter zwischen dem mittleren Erwachsenenalter und dem Tod" (vgl. http://de.wikipedia.org/wiki/Alter, gesehen am 23.02.2012).

3.2 Altern aus der Perspektive ausgewählter wissenschaftlicher Disziplinen

Alter(n) wird meistens durch subjektives Erleben des Einzelnen (in der Psychologie), Zuordnung der Gesellschaft (in der Soziologie), spezifische Alterssymptome sowie funktionale Veränderungen in den Körperzellen, in den Organen und im Leistungsvermögen (in der Biologie) sichtbar. Altern wird daher im Sinne der Gerontologie meistens aus der biologischen, psychologischen und soziologischen Perspektive betrachtet. Daneben gibt es den Begriff des kalendarischen oder chronologischen Alters, welcher ab dem Zeitpunkt der Geburt beginnt. Die nachstehenden Erläuterungen betreffen das natürliche Altern und nicht das pathologische Altern.

3.2.1 Altern aus biologischer Perspektive

Die Biologie erforscht den Aufbau, die Strukturen und die Entwicklung von Lebewesen (vgl. http://de.wikipedia.org/wiki/Biologie, eingesehen am 20.02.2012). In der Biologie ist Altern eine vorhersagbare, irreversible und zeitabhängige Veränderung der Fähigkeiten des Organismus zum Überleben sowie zur Anpassung an innere und äußere Einflüsse. Altern ist ein lebenslanger Abnutzungs- bzw. Abbauprozess der Zellen, der Organe bzw. des Körpers. Einem Organismus ist es im Verlauf der Zeit nicht mehr möglich, das physiologische Gleichgewicht (Homöostase) zu regenerieren. Damit sinkt die Lebenserwartung und letztlich ist der Organismus nicht mehr überlebensfähig. Altern betrifft alle Artgenossen einer Spezies und ist im Sinne der Evolution ein notwendiger Vorgang (vgl. Erlemeier 1998, S. 48 ff.). Dieses wird als das biologische Alter bezeichnet. In der Literatur bestehen unterschiedliche Alterstheorien. An dieser Stelle werden zwei gängige Theorien kurz umrissen. Das sind die Alterung durch stochastische (zufällige) Prozesse und die Alterung durch deterministische (festgelegte) Prozesse:

- **Stochastische Prozesse** gehen davon aus, dass während des Lebens am und im Körper Verletzungen entstehen. Das sind bspw. Schadstoffe in der Umwelt oder im Essen, stetige Bestrahlung mit natürlicher Radioaktivität u.a. Im Zeitverlauf können sich diese Einflüsse summieren, negativ auswirken und sogar den Alterungsprozess beschleunigen.

- **Deterministische Prozesse** beziehen sich auf genetisch vorbestimmte Programme, die eine Alterung bewirken. Der Umfang einzelner Lebensphasen wird danach durch biologische Uhren bestimmt. Die Annahmen wurden mit Hilfe von Versuchen mit menschlichen Bindegewebszellen bestätigt. Dabei konnte bewiesen werden, dass sich Bindegewebszellen während der Alterung immer seltener teilen. Zellen kann der Körper nicht mehr erneuern, damit schreitet die Alterung des Organismus voran und es entstehen Alterskrankheiten wie Herz-Kreislauf-Erkrankungen. Diese genetische Begrenzung hat letztlich die Endlichkeit der Lebensspanne zur Folge (vgl. Backes; Clemens 2008, S. 93 ff.).

3.2.2 Altern aus soziologischer Perspektive

In der deutschsprachigen Soziologie wird der Gegenstand Alter(n) erst seit den 50er Jahren untersucht. Seit den 60er Jahren besteht der eigenständige Forschungsbereich der Alterssoziologie. Zuvor fehlte eine Abgrenzung älterer Personen als eigenständige gesellschaftliche Teilgruppe mit eigenem Wertesystem (vgl. Backes; Clemens 2008, S. 29).

Die Soziologie analysiert die Bedingungen, Abfolgen und Folgen des sozialen Zusammenlebens von handelnden Menschen innerhalb der Gemeinschaft bzw. Gesellschaft. Es handelt sich also um die Gesellschaft sowie ihre Teilbereiche, in welche das Individuum integriert ist. Teilbereiche sind Gruppen, Institutionen etc. (vgl. Tesch-Römer 2010, S. 43). Aus soziologischer bzw. sozialwissenschaftlicher Sicht ist Altern die Veränderung von Positionen sowie Rollen im Verlauf des Lebenszyklus. Die Selbsteinschätzung Angehöriger verschiedener Alterskohorten wird partiell durch gesellschaftlich festgelegte Normen und Rollen bestimmt. Rollen ergeben sich aus Verhaltenserwartungen an den Inhaber in einem Kollektiv. Deren Einhaltung und Überschreitung kann von der Gesellschaft positiv wie auch negativ sanktioniert werden. Diese Werte variieren innerhalb unterschiedlicher gesellschaftlicher und historischer Zusammenhänge (vgl. Erlemeier 1998, S. 52 f.). In diesem Kontext wird auch vom sozialen Alter gesprochen (vgl. Prahl; Schroeter 1996, S. 16).

Rosenmayr & Rosenmayr definieren Alter als „ein in und durch Gesellschaft geformter Prozess innerhalb bestimmter Sozialstrukturen" (Rosenmayr; Rosenmayr zit. nach Erlemeier 1998, S. 53).

Nach Tews untersucht die Alterssoziologie „individuelle und kollektive, in der Zeit ablaufenden Prozesse/Übergängen/Veränderungen, die strukturell beeinflusst sind" (Tews zit. Karl 2003, S. 9).

Altern ist mit der Biographie von Menschen verbunden. Altern ist demnach ein natürlicher, vorbestimmter, lebenslanger, dynamischer und kontextabhängiger Prozess. Die Übergänge und individuelle Anpassung innerhalb der Lebensphasen werden im Zusammenhang mit Kohorten und Leitbildern auf der mikro- und makrosoziologischen Ebene analysiert (vgl. Lenz 1999, S. 44).

Knuse versteht unter Altern: „Die Art und Weise, wie sich der Mensch in früheren Lebensjahren mit neuen Aufgaben auseinander setzt und sein Leben gestaltet hat, übt Einfluss darauf aus, in welchem Maße er auch im Alter Kontinuität erfährt" (vgl. Knuse 1992, S. 334). Wenn Menschen ihre eigenen Entwicklungschancen auch erkennen und verwirklichen, entsteht eine Kontinuität im Lebenslauf. Das Alter ist kein einzelner Lebensabschnitt und Menschen können sich auch in dieser Lebensphase weiterentwickeln. Lebensphasen sind durch Selbstkonzepte und Rollenzugehörigkeit gekennzeichnet. Diese sind durch institutionelle Vorgaben beeinflussbar, wie durch Familie, soziale Beziehungen und Arbeitswelt (vgl. Backes; Clemens 2008, S. 160).

Aufgrund des ökonomischen und sozialen Wandels insbesondere seit der Nachkriegszeit, hat sich das Alter(n) heute im Vergleich zu früheren Zeiträumen strukturell verändert. Dieser sog. „Strukturwandel des Alters" ist vor allem durch die folgenden Aspekte gekennzeichnet:

- **Zeitliche Ausdehnung der Altersphase:** Einerseits hat sich die Lebenserwartung der Menschen erhöht und gleichzeitig sind viele ältere Erwerbstätige von einem früheren Berufsausstieg betroffen. Dadurch erweiterte sich die Altersphase (z.B. durch Vorruhestand und Erwerbslosigkeit) und beträgt heute häufig mehr als 30 Jahre.

- **Differenzierung des Alters:** Mit der steigenden Lebenserwartung in der Bevölkerung hat sich die Lebensphase Alter deutlich verlängert. Daher wird die Altenpopulation heute unterschieden. Üblich ist eine Differenzierung nach „junge Alte", mittlere Alte" und „Hochaltrige".

- **Ethnisch-kulturelle Differenzierung des Alters:** Migration beeinflusste die kulturelle Zusammensetzung der Altenbevölkerung. Die erste Gastarbeitergeneration hat heute das Rentenalter erreicht.

- **Verjüngung des Alters:** Spezifische Altersprobleme treten heute in früheren Stadien des Lebenslaufs auf. Die Menschen werden daher als älter dargestellt als sie es nach ihrem kalendarischen Alter sind. Dabei ist es zunehmend schwerer geworden, den Eintritt in das mittlere und höhere Erwachsenenalter zu bestimmen. Während der 70er Jahre war das Alter durch den Eintritt in den Ruhestand festgelegt. Durch die vermehrte Arbeitslosigkeit älterer Menschen ist die Festlegung auf diese Grenze hinfällig geworden.

- **Feminisierung des Alters:** Infolge der längeren Lebenserwartung von Frauen ist Alter weiblich.

- **Singularisierung des Alters:** Ältere Menschen leben zunehmend in Singlehaushalten, d.h. 40 % der Personen über 65 Jahre. Der in der früheren Lebensform Großfamilie existierende Mehrgenerationenhaushalt ist heute mit weniger als 5 % aller Haushalte zur Ausnahme geworden.

- **Hochaltrigkeit:** Hochbetagte sind Menschen, die älter als 80 Jahre sind. Während diese Gruppe früher zur Ausnahme gehörte, liegt ihr Anteil in der Bevölkerung heute bei über 5 % (vgl. Bäcker u.a. 2010, Bd. 2, S. 362 ff.; vgl. Backes; Clemens 2008, S. 21; vgl. Grobecker u.a. 2011, S. 14).

3.2.3 Altern aus psychologischer Perspektive

Die Psychologie untersucht und erklärt das Verhalten und Erleben von Individuen anhand ihrer Persönlichkeitsmerkmale und der Umweltfaktoren. Der Begriff „Verhalten" meint Handlungen, Denk- und Entscheidungsprozesse. Der Begriff „Erleben" ist vor allem bezogen auf Wahrnehmung sowie Gefühle (vgl. Tesch-Römer 2010, S. 71 f.). In der Psychologie ist Altern ein Prozess von Veränderungen bzw. Umstrukturierungen des Verhaltens und Erlebens während der zweiten Lebenshälfte. Dies betrifft insbesondere die Kompetenzen, wie Sinneswahrnehmung, Psychomotorik, Intelligenz, Gedächtnis und Lernen, Problemlösung sowie Denken. Das sind Fähigkeiten zur Anpassung an mit dem Alter auftretenden inneren und äußeren Umbrüchen auf der individuellen Ebene des Einzelnen. Alter(n) begleitet immer die Biographie von Menschen, deren Verlauf durch die Lebensumstände und die Verarbeitung der Lebensereignisse geprägt wird. Denn Alter ist eine Lebensphase, die durch mentale, körperliche und soziale Verluste und dessen Verarbeitung geprägt ist. Der Alterungsprozess ist von gesundheitlichen, beruflichen und sozialen Faktoren abhängig und der Umgang mit Ereignissen und Krisen verläuft bei jedem Menschen variabel. Daher wird von einem „differenziellen Altern" gesprochen.

Die psychologische Sicht betrachtet Persönlichkeitsveränderungen wie einen Wandel der Einstellungen, der Motivation, der Emotionen oder des Selbstbildes. Ähnlich wie in der Soziologie bei der Definition von Altersstadien innerhalb der Biographie, untersucht die Psychologie die Bewältigung von Herausforderungen der zweiten Lebenshälfte. Hierbei fließen die psychophysischen und sozialen Grundlagen mit ein, die das Individuum im Lebenslauf erworben hat. Daher ist die Persönlichkeitsent-

wicklung vor allem in Bezug auf eine Anpassung an Alltagssituationen des Einzelnen bedeutend. In diesem Kontext wird vom psychologischen Alter gesprochen.

Im Unterschied zur Biologie ist Altern in der Psychologie kein Schicksal oder festge-
legter Prozess, sondern ein Vorgang, welchen der Einzelne aktiv mitgestalten kann
(vgl. Baltes; Baltes 1992, S. 14; vgl. Erlemeier 1998, S. 51 ff.; vgl. Kühn 2006, S.
141).

3.3 Gerontologie

Für die Forschung des Alters und Alterns hat sich die Disziplin „Gerontologie"
etabliert. Diese ist eine junge Wissenschaft, welche erstmals Anfang des 19. Jahr-
hunderts von den Wissenschaftlern Metchnikoff sowie Pasteurs verwendet wurde.
Ihr Name leitet sich aus dem griechischen Wort „geron" der Greis ab. Die Gerontologie ist eine Querschnittswissenschaft bzw. eine eigenständige Disziplin mit inter-
disziplinärer Ausrichtung. Daher vereint die Geronotologie Perspektiven verschiedener Disziplinen wie der Soziologie, Psychologie, Medizin (Geriatrie), Biologie,
Pädagogik, Ökologie, Ökonomie, Geschichte und andere (vgl. Baltes; Baltes 1994, S.
8). Die soziale Gerontologie bezieht vor allem sozialwissenschaftliche Fragestellun-
gen ein, und wird die psychologische Perspektive betrachtet, wird von Gerontopsychologie bzw. Psychogerontologie gesprochen (vgl. Lenz u.a. 1999, S. 7; Lehr;
Thomae 2000, S. 68).

Das Forschungsfeld der Gerontologie ist jedoch nicht eindeutig eingegrenzt. Karl
beschreibt den Gegenstand der Gerontologie als die Erforschung des Alterns und
nicht des Alters oder älterer Menschen. Gerontologie untersucht primär den Prozess
des Alterns als differenzielles Altern mit seinen individuellen und kollektiven Veränderungen vor dem Hintergrund des sozialstrukturellen Wandels der Gesellschaft
(vgl. Karl 2005, S. 355).

Baltes & Baltes hingegen definieren Gerontologie wie folgt: „Gerontologie beschäftigt sich mit der Beschreibung, Erklärung und Modifikation von körperlichen, psychischen, sozialen, historischen und kulturellen Aspekten des Alterns und des Alters,

einschließlich der Analyse von alternsrelevanten und alternskonstituierenden Um-
welten und sozialen Institutionen" (vgl. Baltes; Baltes 1994, S. 8). Dabei sollen keine
generellen Grundsätze zum Altern erhoben werden, sondern eine Variabilität des
Alter(n)s mit seiner gesellschaftlichen Wertigkeit. Der Begriff des „Alterns" kenn-
zeichnet Prozesse, Kausalitäten sowie Mechanismen, die das Alter verursachten. Der
Begriff „Alter" hingegen bezeichnet ältere Menschen, das Ergebnis des Älterwer-
dens, das Alter als eine Lebensphase und Ältere als Teil der sozialen Gemeinschaft
(vgl. Baltes; Baltes 1994, S. 9).

3.4 Allgemeine Altersgrenzen

Die Weltgesundheitsorganisation der Vereinten Nationen (WHO) bestimmt den
Beginn des Alters mit dem Übergang vom Erwerbsleben in den Ruhestand. In büro-
kratischen Alterskategorien zählen Personen zwischen 55 und 70 Jahren als Ältere,
70 bis 75-Jährige als alte Menschen, über 75-Jährige als Betagte und über 80-Jährige
als Hochbetagte. Die Entwicklungspsychologie nimmt Altersklassifikationen bzw. -
grenzen des Erwachsenenalters anhand der Lebensphasen vor. Levinson bestimmt
die Lebensphasen wie folgt:

- Jüngeres Erwachsenenalter: 17 Jahre bis Anfang 40 Jahre,
- Mittleres Erwachsenenalter: 40 Jahre bis Mitte 60 Jahre,
- Späteres und höheres Erwachsenenalter: ab 60 Jahre.

Cockerham unterteilt das Erwachsenenalter in fünf Lebensphasen:

- Frühes Erwachsenenalter: 17 Jahre bis 25 Jahre,
- Jüngeres Erwachsenalter: 25 Jahre bis 40 Jahre,
- Mittleres Erwachsenenalter: 40 Jahre bis 55 Jahre,
- Spätes bzw. höheres Erwachsenenalter: (junges Alter): 55 Jahre bis 75 Jahre,
- Alter (altes Alter): ab 75 Jahre.

(vgl. http://www.bildungsforschung.org/index.php/bildungsforschung/article/view/
32/30, eingesehen am 10.02.2012).

In der Soziologie beginnt Alter häufig mit der sog. dritten Lebensphase, die zwischen 50 und 74 Jahren liegt (vgl. Backes; Clemens 2008 S. 22).

3.5 Definition „ältere Arbeitnehmer"

Auch der Begriff „ältere Mitarbeiter" ist nicht eindeutig formuliert. In der Arbeitswelt bestehen verschiedene Aussagen zur Abgrenzung von jüngeren und älteren Mitarbeitern, jedoch ohne allgemein gültige Begriffsbestimmung. Eine Einordnung in diese Gruppe ist von unterschiedlichen nichtkalendarischen (gerontologischen) Faktoren abhängig wie Geschlecht, soziale Situation, Wirtschaftsbranche, hierarchische Stellung, Persönlichkeit, Qualifikation oder Altersstruktur der Belegschaft (vgl. Naegele 1992, S. 9; vgl. Prezewowsky 2007, S. 68).

Die Organisation for Economic Cooperation and Development (OECD) definiert ältere Mitarbeiter als Personen, „die in der zweiten Hälfte ihres Berufslebens stehen, noch nicht das Rentenalter erreicht haben und gesund, d.h. arbeitsfähig sind" (zit. nach Karl 2009, S. 11).

In der einschlägigen Literatur geht die Bestimmung von Altersgrenzen für ältere Mitarbeiter mit den Chancen in der Berufswelt für Erwerbstätige einher. Dabei gelten allgemein häufig Mitarbeiter bis 34 Jahre als jüngere Mitarbeiter, 35 bis 49-Jährige als mittelalte Arbeitnehmer und Arbeitnehmer ab dem 50. Lebensjahr als ältere Mitarbeiter. Diese Zuordnung ist aus dem derzeitigen durchschnittlichen Renteneintrittsalter von 60 Jahren abgeleitet. Die Altersgrenzen sind in den letzten 30 Jahren jedoch abgesenkt worden. Während Anfang der 80er Jahre noch Mitarbeiter ab dem 60. Lebensjahr als Ältere galten, beginnt die Grenze heute bereits oftmals ab dem 50. Lebensjahr und einige Wissenschaftler zählen bereits die über 40-Jährigen zu den älteren Mitarbeitern (vgl. Bäcker u.a. 2009, S. 17; vgl. Prezewowsky 2007, S. 69). Tews interpretiert Arbeitnehmer ab dem 40. Lebensjahr bereits als ältere Mitarbeiter, da deren Beschäftigungsmöglichkeiten im Vergleich zu Personen unter 30 Jahren wesentlich schlechter sind. Gemessen an den Beteiligungen an Qualifizierungsmaßnahmen, gehören sogar Teilnehmer über 35 Jahre schon zu den Älteren, da dabei diese Personengruppe weniger anzutreffen ist wie jüngere Teilnehmergruppen (vgl. Tews 1993, S. 24). Hofbauer hat im Jahre 1980 eine empirische Studie zu kritischen Altersschwellen für die Charakterisierung von Altersgrenzen erhoben, welche auch noch in der heutigen Zeit Bedeutung hat. Er kam zu dem Ergebnis, dass bei Erwerbstätigen, die älter als 36 Jahre alt sind, die beruflichen Aufstiegschancen sinken und abhängige Arbeitnehmer ab dem 39. Lebensjahr seltener den Arbeitgeber wechseln (vgl. Hofbauer 1982, S. 101).

Die Bundesagentur für Arbeit (BA) definiert Personen ab dem 45. Lebensjahr als ältere Mitarbeiter. Die BA bietet diverse Förderungsinstrumente zur Eingliederung dieser Personengruppe an, da ein vorangeschrittenes Alter häufig ein Vermittlungshemmnis bei der Integration in den ersten Arbeitsmarkt darstellt (vgl. Frerichs 2000, S. 27). So wird die „Förderung der beruflichen Weiterbildung beschäftigter Arbeitnehmer" (WeGebAU) für Mitarbeiter, die älter als 45 Jahre sind offeriert (vgl. http:// www.arbeitsagentur.de/nn_27584/zentraler-Content/A05-Berufl-Qualifizierung / A052-Arbeitnehmer/Allgemein/Arbeitgeberinformationen-FbW.html#d1.1, eingesehen am 08.02.2012). Das Förderungsinstrument „Eingliederungszuschuss für ältere Mitarbeiter" wird für Mitarbeiter, die älter als 50 Jahre sind, angeboten (vgl. http://www.arbeitsagentur.de/nn_193154/zentraler-Content/A06-Schaffung/A062-Be schaeftigungsverhaeltnisse/Allgemein/ Entgeltsicherung-fuer-aeltere-Arbeitnehm.ht ml, eingesehen am 08.02.2012).

Wie anfangs beschrieben, determinieren besonders die Merkmale Beruf, Qualifikation und Branche die Charakterisierung von Altergrenzen. In Sektoren mit harten Arbeitsbedingungen wie bspw. der Metall- und Stahlindustrie oder den Bauunternehmen, in denen schwere körperliche Tätigkeit geleistet wird, gelten Personen über 40 Jahren bereits als älter (vgl. Bangali 2004, S. 6). In der IT-Branche werden Mitarbeiter mit 35 Jahren bereits als alt eingeschätzt, denn deren Kenntnisstand gilt als veraltet. Ein Leistungssportler wird bereits mit 30 Jahren als alt wahrgenommen. In vielen Führungspositionen hingegen, welche eine langjährige Ausbildungs- und Berufsphase voraussetzen, gelten Arbeitnehmer mit 40 Jahren nicht als ältere, sondern als jüngere Mitarbeiter.

Ältere Mitarbeiter sind nach dem Bundesbeamtengesetz (BBG) sowie Bundes-Angestellten-Tarifvertrag (BAT) eindeutig definiert. Das Eintrittsalter für den öffentlichen Dienst bei einer Verbeamtung ist für viele Berufsgruppen auf das 40. bis 45. Lebensjahr begrenzt. Die Altersgrenzen für eine automatische Beendigung des Arbeitsverhältnisses ist für Beamte nach dem BBG § 41, Absatz 1 und für Angestellte nach dem BAT § 60, Absatz 1und 2 mit der Vollendung des 65. Lebensjahres vorgesehen (vgl. http://www.ergonassist.de/Publikationen/Potenziale%20aelterer %20Mitarbeiter.pdf, eingesehen am 09.02.2012).

3.6 Theorien zum Altern

Der Alterungsprozess findet bei Menschen sehr unterschiedlich statt und ist von verschiedenen Einflüssen geprägt. In dem vorangegangen Kapitel zum Begriff des Alter(n)s wurde veranschaulicht, dass es keine einheitliche Definition zum Alter(n) gibt und die unterschiedlichen wissenschaftlichen Disziplinen auch eigene Theorien und Deutungen für den Prozess des Alter(n)s bzw. der Entwicklung von Menschen während des Lebensverlaufes herausarbeiteten und diese kontrovers diskutierten.

In den verhaltens- und sozialwissenschaftlichen Disziplinen hat sich die „Diskussion um Bedingungen und Möglichkeiten optimaler Entwicklung und erfolgreichen Alterns gerade unter dem Eindruck der hohen inter- und intraindividuellen Variabilität und Plastizität von Entwicklungs- und Alternsprozessen intensiviert" (vgl. Gerok; Brandstätter 1992, S. 358). Daher wurden die eingeführten Modelle und Thesen mit der Zeit modifiziert oder ein Pendant dazu eingebracht.

Theorien beabsichtigen „Sachverhalte zu beschreiben, zu erklären und vorherzusagen". Dabei enthalten diese „Annahmen über die Ursachen von Ereignissen, Prozessen und Entwicklungen" (vgl. Tesch-Römer 2010, S. 36). Der Begriff „Prozess" wird auch synonym mit Verlauf, Ablauf, Hergang und Entwicklung gebraucht. Allgemein ist ein Prozess ein „über eine gewisse Zeit sich erstreckender Vorgang, bei dem etwas entsteht oder abläuft" (vgl. http://www.pmc1.de/Prozess%20 Definition.html, eingesehen am 22.02.2012). Dieses ist eine Reaktion auf ein vorangegangenes Ereignis und löst darauf folgend wiederum ein Ereignis aus. In der Psychologie ist ein

Prozess ein Vorgang im kognitiven Bereich (betrifft Denken, Lernen, Gedächtnis) (vgl. Faktum 1995, S. 373). In der Soziologie werden unter Prozessen vor allem soziale Prozesse verstanden, da die Mechanismen von kollektiven Ereignissen in sozialen Situationen untersucht werden (vgl. Esser 1999, S. 119). Der Soziologe Elias interpretiert die Beschreibung sozialer Prozesse als „Diagnose und Erklärung der langfristigen und ungeplanten, aber gleichwohl strukturierten und gerichteten Trends in der Entwicklung von Gesellschafts- und Persönlichkeitsstrukturen" (vgl. Elias 1977, S. 127).

Die nachstehenden Erläuterungen erläutern Alterstheorien vor allem aus der soziologischen sowie psychologischen Betrachtungsweise. Die soziologische Perspektive behandelt das Verhalten von Menschen in sozialen Beziehungen im Rahmen der vorherrschenden Kultur, Institutionen und gesellschaftlichen Voraussetzungen. Die psychologische Sicht beschreibt die Fähigkeiten, Motive und Emotionen des Einzelnen (vgl. Tesch-Römer 2010, S. 71). Eine Aufteilung der beiden Perspektiven wird in der wissenschaftlichen Forschung nicht vorgenommen, sondern die Disziplinen bauen aufeinander auf. Gemein sind den Theorien, dass diese die durch den Alterungsprozess bedingten biologischen und psychosozialen Veränderungen beschreiben und deren Einfluss auf die subjektiv wahrgenommene Lebenszufriedenheit bzw. -qualität erklären.

3.6.1 Defizitmodell des Alterns

Vertreter dieser Theorie sind Wechseler (1944) oder Hohmeier (1978). Die biologische Betrachtung des Alterns als Funktionsverlust sämtlicher Gewebe, welcher letztlich den Tod zur Folge hat, wurde bereits beschrieben. Den Annahmen dieser Perspektive liegen die Defizitmodelle (z.B. eindimensionale und mechanistische Defizitmodell) zugrunde. Die Modelle beziehen sich auf experimentelle Untersuchungen zur Leistungsfähigkeit. Danach soll eine Kausalität zwischen dem kalendarischen Alter und einem Verlust der mentalen, physischen und psychischen Fähigkeiten vorliegen. Altern wird nicht als normales Altern verstanden, sondern mit (chronischen) Krankheiten, Behinderungen und dem Verlust der Leistungsfähigkeit des

Einzelnen gleichgesetzt. Danach soll aus dem Abbau der Ressourcen ein Verlust der Lebensqualität resultieren.

In diesem Kontext haben zahlreiche Untersuchungen den Zusammenhang zwischen Intelligenz, Reaktion und Gedächtnisleistung erforscht (vgl. Backes; Clemens 2008, S. 78; vgl. Martin; Kliegel 2010, S. 67 f.; vgl. Naegle 1992, S. 368). Nennenswert sind die Army-Alpha- und die Army-Beta-Tests nach Yerkes und Kollegen (1917) zur Messung der Intelligenz bei Erwachsenen. Dabei wurden Männer im Alter von 18 bis 60 Jahren untersucht. Die Ergebnisse wurden 1921 publiziert und demnach treten laut den Einheiten der Standardabweichungen Altersdefizite bereits ab dem 30. Lebensjahr auf. Zu ähnlichen Ergebnissen kam Wechsler (1944) mit seiner Bellevue-Wechsler-Intelligenzskala zur Messung von Veränderungen der geistigen Leistungs-fähigkeit. Nach dieser erreicht die intellektuelle Leistungsfähigkeit (Intelligenz und Lernfähigkeit) bis zum 30. Lebensjahr den Höhepunkt und sinkt danach stetig (vgl. Lehr; Thomae 2000, S. 46 ff.).

Die Theorie des Defizitmodells wurde in den 60er Jahren widerlegt, denn das biolo-gische Alter kann nicht als pathologischer Vorgang verstanden werden. Zudem verläuft der Prozess des Alterns sehr individuell und es können nicht allen Menschen gleichermaßen ein vorhersehbarer Funktionsverlust unterstellt werden (vgl. Naegele 1992, S. 368 f.). Altern wird nicht nur durch das kalendarische Alter tangiert, son-dern die Entwicklung der Leistungsfähigkeit ist ebenso von genetischen, dispositio-nellen und psychosozialen Faktoren des Einzelnen abhängig (differenzielles Altern) (vgl. Matolycz 2011, S. 14; http://www.dge-nieder-sachsen.de / dokumentatio-nen/pdfs/GesundheitundAlter_8_2_BeitragStrube.pdf, eingesehen am 20.02.2012). Dieses zeigten auch zahlreiche Längsschnittuntersuchungen, welche die sekundäre Bedeutung von Alter für Veränderungen der Leistungsfähigkeit bis in das höhere Erwachsenenalter (bis 80. Jahre) belegten. Demnach beeinflussen insbesondere folgende Faktoren die Entwicklung der Intelligenz bzw. der kognitiven Fähigkeiten bis zum 80. Lebensjahr:

- Soziale Schichtzugehörigkeit/Bildungsstand,
- Berufliche Bedingungen/Training,

- Gesundheitszustand,

- Lebensstil,

- Einbettung in das soziale Umfeld,

- Motivationslage und Selbstbild.

Die Annahmen des Defizitmodells haben in der Vergangenheit bis zum heutigen Zeitpunkt zu einer Abwertung von Älteren auf der beruflichen und gesellschaftlichen Ebene geführt (vgl. Erlemeier 1998, S. 84 ff.). Bis heute finden sich solche Aussagen in wissenschaftlichen Beiträgen wieder. Nach Anderson sind die Gehirnfunktionen bis zum Beginn des 20. Lebensjahres am leistungsfähigsten. Allerdings wird auch dabei eingeräumt, dass Wissen und Aktivität ein bedeutsamer Faktor bei der Frage der Entwicklung der kognitiven Fähigkeiten sein kann, als das kalendarische Alter (vgl. Anderson 2007, S. 515).

3.6.2 Kompetenzmodell des Alterns

Das Kompetenzmodell stellt das Pendant zum Defizitmodell dar. Dieses löste in den 70er Jahren das Defizitmodell ab. Das Modell behandelt nicht die negativen Folgen des im Alter auftretenden Verlusts der Leistungsfähigkeit wie das Defizitmodell, sondern die Stärken Älterer. Dabei geht es darum, dass auch bei einer Minderung der Leistungsfähigkeit geistige Kompetenzen, Lernfähigkeit und Belastbarkeit bei geeignetem Training und idealen Lebensumständen bis in das hohe Alter erhalten bleiben können (vgl. Matolycz 2011, S. 17). Damit entsteht durch die Nutzung des Wissens, der Erfahrung und der Reife älterer Menschen ein gesellschaftlicher Mehrwert.

Kompetenzen werden als Fähigkeiten und Fertigkeiten eines Menschen zur Bewahrung der subjektiven Lebenszufriedenheit sowie einer eigenständigen und verantwortlichen Lebensführung definiert. Nach dem Kompetenzmodell setzt sich das Individuum aktiv mit seiner Lebenssituation auseinander und passt sich an die mit dem Altern eintretenden Veränderungen an. Gesellschaftliche Normvorstellungen werden dabei nicht berücksichtigt. Dies setzt Intelligenz und Kontrolle voraus. Die Intelligenz ist für die erfolgreiche Interaktion des Einzelnen mit seinem sozialen

Umfeld wesentlich. Kontrolle und damit die Möglichkeiten zur selbstständigen Lebensgestaltung sind unabdingbar.

Das Kompetenzmodell beschreibt nicht die Grenzen des Alterns wie das Defizitmodell, sondern die Potenziale des Alterns als Prozess der Entfaltung und nutzvollen Integration von erworbenem Wissen (vgl. Kühn 2006, S. 151 f.; vgl. Wiese 2010, S. 57 f.). Dennoch wurde das Kompetenzmodell kritisiert, da dieses seinen allgemeingültigen Anspruch nicht erfüllen könne. Dieses berücksichtigt nicht, dass Altern sehr individuell verläuft und Menschen nicht immer die Möglichkeiten zum Erhalt der Fähigkeiten und Fertigkeiten besitzen. Weiterhin erweckt das Modell den Anschein, dass ein negatives Altersbild durch ein positives ersetzt werden soll (vgl. Matolycz 2011, S. 17).

3.6.3 Wachstumstheorie: Wachstum und Weisheit

Dem Defizitmodell stehen Wachstumstheorien gegenüber. Dies sind Theorien zum Wachstum und Wohlbefinden, zum Wachstum und Weisheit oder zur Gerotranszendenz. Wachstumstheorien (z.B. von Jung 1946) sehen im Alter nicht die Zunahme der Defizite. Diese erfassen Altern als eine Auseinandersetzung und einen Prozess von kollektiven und persönlichen Einflüssen, wodurch eine Integration sämtlicher Gefühle und Motive für die Bewältigung von Herausforderungen sowie Krisen entsteht. Die Wachstumstheorie Wachstum und Weisheit erfasst das Streben nach Weisheit im Alter. Ein Vertreter der Theorie ist Clayton (1982).

Mit zunehmendem Alter gehen kognitive Ressourcen wie die Reaktionsgeschwindigkeit zurück. Die persönliche Lebenserfahrung steigt hingegen häufig und somit wird dabei von Altersweisheit oder von gereiften Personen gesprochen. Diese Weisheit entsteht nicht von selbst, sondern wenn spezifische Eigenschaften und Lebensumstände zusammenkommen. Das sind erlangte Erfahrungen (z.B. aus einer Ausbildung und Berufstätigkeit) oder persönliche Eigenschaften (z.B. Empathie und geistige Gesundheit). Die Stärken Älterer liegen insbesondere in der sozialen und praktischen Intelligenz. Unter sozialer Intelligenz werden Fähigkeiten im Umgang mit anderen Menschen verstanden und unter praktischen Stärken Problemlösungsstrate gien Älterer im Alltag. Frühe Forschungsarbeiten konnten zeigen, dass Menschen häufig sog. mental sets entwerfen. Dabei werden anhand der Einbeziehung von Vorerfahrungen Probleme schneller gelöst (vgl. Hayes 1995, S. 25). Auch in der Verbindung kognitiver und affektiver Elemente (Vernunft) weisen ältere Menschen ein höheres Vermögen auf als Jüngere. Älteren werden zudem häufig eine Kompetenz in den Sinnfragen des Lebens wie Lebensplanung, -gestaltung und -deutung zugeschrieben. Laut Baltes u.a. (1995) sind Bewertungskriterien für Weisheit:

- Reiches Fakten- und Strategiewissen in den grundlegenden Fragen des Lebens,

- Wissen über Zusammenhänge des Lebens und des gesellschaftlichen Wandels,

- Wissen über die Relativität von Werten und Lebenszielen,

- Wissen um die Ungewissheit des Lebens.

Insgesamt geht die Theorie nicht von einem Abbau der Leistungsfähigkeit aus wie das Defizitmodell, sondern von einer Erweiterung der individuellen Fähigkeiten durch die Einbringung von Vorerfahrungen (Wachstum). Diese Theorie wurde durch empirische Tests zur Intelligenz im Alter bestärkt. Dabei wurden jüngeren und älteren Probanden Fragen zu Lebensaufgaben gestellt. Zur Auswertung der Untersuchungsergebnisse wurden Kriterien (ohne Berücksichtigung des chronologischen Alters) definiert. Nach diesen erbrachten die älteren Teilnehmer häufiger weisheitsbezogene Höchstleistungen als die Jüngeren (vgl. Hayes 1995, S. 25; vgl. Erlemeier 1998, S. 92 ff.; vgl. Funke; Vaderroth 2009, S. 77 f.; vgl. Lehr; Thomae 2000, S. 67).

3.6.4 Theorie der Entwicklungsaufgaben

Die Theorie der Entwicklungsaufgaben gehört zu den „qualitativen Verlaufsmodellen" und zu dem am Lebenslauf orientierten Thesen. Im Gegensatz zum Defizitmodell erfasst diese die Merkmale der qualitativen Veränderungen im Übergang vom mittleren ins höhere Erwachsenenalter und nicht die Ursachen für Veränderungen. Ein bedeutender Ansatz zur Theorie der Entwicklungsaufgaben wurde von Havinghurst (1948) aufgestellt. Demnach ist Altern die stufenweise Umsetzung spezifischer Entwicklungsaufgaben während der Lebensphasen des gesamten Lebens. Die Aufgaben korrelieren mit biologischen, historisch-gesellschaftlichen und individuellen Einflusskriterien. Biologische Einflüsse meint den Vorgang der körperlichen Reifung. Der gesellschaftliche Rahmen bspw. ist ausschlaggebend dafür, welche Aufgaben in welchem Alter als Norm gelten. Darunter entfällt z.B. die Anpassung an die Konsequenzen des beruflichen Ruhestandes. Individuelle Faktoren sind Werte sowie Erwartungen. Eine Entwicklungsaufgabe ist eine Aufgabe, welche zu einem bestimmten Zeitpunkt oder in einer Lebensperiode des Einzelnen eintritt und deren Bewältigung zur Zufriedenheit und zum Erfolg in späteren Aufgaben führt. Umgekehrt resultiert aus einer Nichtbearbeitung die Lebensunzufriedenheit des Individuums, Probleme in weiteren Entwicklungsaufgaben, die Missbilligung oder Ausgrenzung der Gesellschaft (vgl. Lehr; Thomae 2000, S. 52 f.; Martin; Kliegel 2010, S. 52 f.).

Die nachstehende Abbildung zeigt die Lebensaufgaben nach Havinghurst.

Abbildung 3: Lebensaufgaben nach Havinghurst, Stand: 1963

Lebensphasen	Lebensaufgaben
Jugend	Autonomie von den Eltern, Identität in der Geschlechterrolle, Internalisiertes moralisches Bewusstsein, Berufswahl
Frühes Erwachsenenalter	Heirat, Geburt, Beruf/Arbeit, Findung des Lebensstils
Mittleres Erwachsenenalter	Heim/Haushaltsführung, Kinderaufzucht, Berufskarriere
Spätes Erwachsenenalter	Konzentration der Energien auf neue Rollen, Akzeptanz des eigenen Lebens, Entwicklung einer Haltung zum Lebensende

Quelle: Havinghurst zit. nach Martin/Kliegel 2010, S. 53

Die Phase des höheren Erwachsenenalters ist nach Havinghurst durch Prozesse des Abbaus und Verlusts sowie das annähernde Lebensende charakterisiert. Der Abbau meint insbesondere die Verringerung des physischen Leistungsvermögens. Mit Verlusten sind der Tod von Nahestehenden gemeint. Eine Entwicklungsaufgabe in dieser Lebensphase könnte die Verhaltensanpassung an den Verlust des Ehepartners in Form einer Verstärkung der vorhandenen sozialen Kontakte zu anderen Verwandten sein (vgl. Lehr; Thomae 2000, S. 53; vgl. Martin; Kliegel 2010, S. 52 ff.).

Altern ist also nach der Theorie der Entwicklungsaufgaben eine Auseinandersetzung mit in bestimmten Lebensphasen auftretenden Entwicklungsaufgaben und ein über das gesamte Leben anhaltender Prozess.

Eine weitere Variante des qualitativen Verlaufsmodells wurde von Erikson mit seiner Theorie zur Identitätsentwicklung (1968) aufgestellt. Auch nach dieser Theorie sind während der Lebensphasen Entwicklungsaufgaben durch das Individuum zu bewältigen. Altern ist demnach die Entwicklung der Identität. Dieses steht im Spannungsfeld zwischen den Interessen und Zielen des Einzelnen und den wandelnden Anforderungen seiner sozialen Umwelt. Dadurch entstehen Konflikte sowie Krisen für das Individuum und deren Bewältigung stellen die Entwicklungsaufgaben während des Lebenslaufs dar (vgl. Rupprecht 2008, S. 17).

Die folgende Abbildung stellt die Stufen der Entwicklung nach Erikson vor.

Abbildung 4: Stufenmodell der psychosozialen Entwicklung nach Erikson

Lebensphasen	Lebensaufgaben
Bis 1 Jahr	Vertrauen vs. Misstrauen
1 bis 3 Jahre	Autonomie vs. Scham und Zweifel
3 bis 5 Jahre	Initiative vs. Schuldgefühl
5 Jahre bis Pubertät	Werksinn vs. Minderwertigkeitsgefühl
Adoleszenz	Identität vs. Identitätsdiffusion
Junges Erwachsenenalter	Intimität vs. Distanzierung gegen Selbstbezogenheit
Mittleres Erwachsenenalter	Generativität vs. Stagnierung
Spätes Erwachsenenalter	Integrität vs. Verzweiflung und Ekel

Quelle: Erikson zit. nach Rupprecht 2008, S. 17

Die Aufgaben des hohen Erwachsenenalters hat die Erlangung der „Ich-Identität" zum Ziel. Nach der Erreichung oder Nicht-Erreichung wird die erwachsene Persönlichkeit gemessen. Nach diesem Ansatz wird die Reifung oder Nicht-Reifung moralisch beurteilt. An die Stelle einer Beschreibung des Alterungsprozesses rückt die

Konstatierung eines Idealzustandes einer Person im hohen Erwachsenenalter (vgl. Lehr; Thomae 2000, S. 52).

3.6.5 Theorien des erfolgreichen Alterns

Als Gegenkonzept zu den die Defizite des Alterns beschreibenden Modells stehen Theorien des erfolgreichen Alterns, welche nicht die Verluste während des Alterungsprozesses annehmen. Optimales Altern bedeutet, dass der Alterungsprozess so abläuft, dass die subjektive Lebenszufriedenheit, aber auch die organische Funktionstüchtigkeit und die erreichte Lebenszeit deutlich höher sind als die des Durchschnitts einer vergleichbaren Population. Szenarien und Konzepte bezüglich eines erfolgreichen Alterungsprozesses im höheren Erwachsenenalter bieten Maßstäbe für eine Bewertung sozialer und statistischer Normen (vgl. Gerok; Brandtstädter 1992, S. 358).

Der Begriff „erfolgreiches Altern" (successful aging) wurde erstmals in den 50er Jahren durch Havinghurst u.a. in die amerikanische Gerontologie eingeführt. Optimales Altern meint demnach eine gelungene Anpassung des Individuums an biologische, soziale und psychische Veränderungen, welche mit dem Alter eintreten. Dieses ist durch subjektive Lebenszufriedenheit und subjektives Wohlbefinden mit dem gegenwärtigen sowie vorangegangenen Leben gekennzeichnet. Havinghurst benannte zur Identifikation von Lebenszufriedenheit die nachstehenden Kriterien:

- Lebensfreude,
- Konkurrenz zwischen erzielten und erreichten Plänen,
- Entschlossenheit und Mut,
- Positives Selbstbild,
- Optimismus und heitere Stimmung.

Zu den Prozessen zur Erlangung dieser subjektiven Lebenszufriedenheit herrscht in der Wissenschaft Uneinigkeit (vgl. Erlemeier 1998, S. 136 ff; vgl. Martin; Kliegel 2010, S. 70).

Baltes & Baltes benennen die folgenden fünf Indikatoren für die Charakterisierung von erfolgreichem Alterns:

- Langes Leben,
- Biologische und seelische Gesundheit,
- Psychosoziale Funktionstüchtigkeit (Kompetenzen),
- Gefühle der Selbstwirksamkeit,
- Lebenszufriedenheit (vgl. Baltes; Baltes zit. nach Erlemeier 1998, S. 137).

Nachstehend werden die gängigen Theorien zum erfolgreichen Altern vorgestellt.

3.6.5.1 Aktivitätstheorie

Erste Vertreter der Theorie waren Tartler (1961) und Lemon (1962). Die Aktivitätstheorie basiert auf der Annahme, dass Lebenszufriedenheit mit einem hohen Maß an sozialer Aktivität und Interaktion im sozialen Umfeld einhergeht. Menschen, die kontinuierlich aktiv bleiben, leistungsfähig und gebraucht sind, werden demnach erfolgreich altern. Die Aufrechterhaltung des Aktivitätsniveaus der mittleren Lebensjahre ist die Grundlage für ein optimales Altern, denn soziale Bedürfnisse bestehen während der gesamten Lebensspanne und nicht nur in jüngeren Lebensjahren.

Häufig müssen Ältere ihre bisherigen Aktivitäten und Rollen ihres beruflichen und privaten Kontextes aufgrund bspw. des Eintrittes in den Ruhestand oder Tods von Verwandten, Freunden, Bekannten etc. aufgeben. Menschen, die versuchen ihren aktiven Lebensstil beizubehalten und gegebenenfalls Alternativen für verlorene Aktivitäten entdecken, werden erfolgreich altern. Eigene Aktivitäten ohne soziale Interaktion schwächt nach der Aktivitätstheorie die Lebenszufriedenheit. Aktivität korreliert mit einem positiven Selbstbild von Menschen.

Die Annahmen der Aktivitätstheorie konnten in mehreren empirischen Untersuchungen bekräftigt werden. Longino & Karl (1982) weisen darauf hin, dass eher die informellen Kontakte zu Freunden etc. und weniger die formellen Kontakte wie zu Vereinen zur Lebenszufriedenheit beitragen. Die Aktivitätstheorie wurde dennoch in zahlreichen empirischen Studien modifiziert, da diese dem generellen Anspruch, dass ein aktiver Lebensstil auch Lebenszufriedenheit impliziert, nicht gerecht werden kann. Kritisch zu betrachten ist auch, dass den Älteren nicht immer die Möglichkeiten zu umfangreichen sozialen Kontakten offeriert werden. Auch haben sie häufig kein Interesse daran, den Verlust eines Nahestehenden durch einen anderen Interaktionspartner zu kompensieren. Ebenso kann in Anbetracht der Persönlichkeit und der biographischen und sozialen Lebensumstände auch ein freiwilliger Rückzug aus ehemaligen Bindungen und Pflichten wesentlich zur Lebenszufriedenheit beitragen. Thomae (1983) sieht in der sozialen Partizipation keinen direkten Zusammenhang zur subjektiven Lebenszufriedenheit (vgl. Erlemeier 1998, S. 146 f.; vgl. Lehr; Thomae 2000, S. 57; vgl. Martin; Kliegel 2010, S. 70 f.).

Im Unterschied zur Theorie der Entwicklungsaufgaben werden bei dieser Theorie weder der historisch-gesellschaftliche Rahmen noch die individuellen Lebenslagen berücksichtigt.

3.6.5.2 Disengagementtheorie

Die Disengagementtheorie steht der Aktivitätstheorie entgegen, denn diese geht von der Annahme aus, dass ein hoher Grad an sozialer Aktivität im höheren Erwachsenenalter die subjektive Lebenszufriedenheit negativ beeinflusst. Diese Theorie eines Rückzuges (Disengagement) der Menschen wurde durch Cumming & Henry in Zusammenhang mit der amerikanischen Querschnittstudie „Kansas-City-Studie" eingeführt. Sie entstammt ursprünglich dem Feld der soziologischen Theorien und wurde durch die entwicklungs- und gerontologiepsychologische Theorienaufgriffen, diskutiert und weiterentwickelt.

Altern ist ein Rückzug auf der psychosozialen Ebene, welcher durch den Einzelnen, aber auch durch sein soziales Umfeld initiiert sein kann. Infolge des Alterungsprozesses ändert sich die Balance zwischen dem Einzelnen und seiner Umwelt. Dadurch kommt es zu einem Wandel in der Struktur seines Umfelds und es entsteht eine andere Form von Beziehung, die häufig durch größere Distanz gekennzeichnet ist. Somit können Sinnbezüge verstärkt und neue Freiräume geschaffen werden. Das Ausmaß von sozialem Disengagement kann in verschiedenen Gruppen bzw. sozialen

Rollen variabel erfolgen. Dieser Vorgang wird auf der kollektiven Ebene der Gesellschaft als sinnvoll erachtet, da der soziale Rückzug mit dem biologischen Alterungsprozess einhergeht und Ältere ihre Rollen und Funktionen (z.B. im Berufsleben) an Jüngere weitergeben können. Dieses entspricht den Interessen der Gesellschaft wie auch den Bedürfnissen des einzelnen älteren Menschen und ist daher ein wechselseitiger Prozess. Nach der Theorie begründet sich der Rückzug durch die Nähe zum Sterben und die Aufmerksamkeitslenkung auf die eigene Person und auf den anstehenden Lebensabend.

Auch die Disengagementthese wurde vielfach modifiziert, da auch diese eine universelle Gültigkeit für den Zusammenhang zwischen Rückzug und Lebenszufriedenheit nicht erfüllen kann.

Laut Olbrich & Lehr (1976) können in Abhängigkeit des jeweiligen persönlichen, biographischen sowie sozialen Hintergrundes des Individuums weder soziale Partizipation noch sozialer Rückzug die empfundene Lebenszufriedenheit beeinflussen. Nach Tews (1979) kann jedoch ein gewollter Rückzug das erfolgreiche Altern begünstigen. Dennoch wird der sozialen Aktivität häufig ein höherer Stellenwert zum Erhalt der Lebenszufriedenheit beigemessen als dem sozialen Rückzug (vgl. Erlemeier 1998, S. 143 ff.; vgl. Martin; Kliegel 2005, S. 57 ff.).

Die Annahmen der Disengagementtheorie wurden durch Studienergebnisse widerlegt. So hat etwa die Berliner Altersstudie die Bedeutung sozialer Netzwerke für ältere Menschen empirisch untersucht. Die Studie war ein interdisziplinäres Projekt, bei dem Wissenschaftler der Fachdisziplinen Innere Medizin/Geriatrie, Psychiatrie, Psychologie und Soziologie/Sozialpolitik zusammengeführt wurden. Gegenstand der Forschung waren insbesondere die Entwicklung von Fähigkeiten, soziale Beziehungen und Beteiligung von Menschen im Alter von 65 Jahren oder älter in Berlin. In der erhobenen Längsschnittstudie (BASE) konnte der hohe Stellenwert von Kontakten zu Freunden für Ältere empirisch nachgewiesen werden. Demnach streben Ältere trotz des Bewusstseins der Endlichkeit ihres Lebens keinen sozialen Rückzug an (vgl. Mayer; Baltes 2010, S. 9 ff.; vgl. Wagner u.a. 2010, S. 334 f.).

Die Theorie berücksichtigt das mittlere und höhere Erwachsenalter als eine selbstständige Lebensphase, die durch andere Bedürfnisse und Möglichkeiten charakterisiert ist. Jedoch werden wie in der Aktivitätstheorie weder die historisch-gesellschaftlichen Rahmenbedingungen noch die individuellen Lebenslagen erfasst (vgl. Schneider 2007, S. 80).

3.6.5.3 Kontinuitätstheorie

Aus den Modifizierungen der einseitigen Disengagement- und Aktivitätsthesen wurde die Kontinuitätsthese abgeleitet. Diese wurde von Rosow (1974) sowie Atchley (1989) eingeführt. Demnach bestehen keine allgemein-gültigen Regeln für Lebenszufriedenheit durch erfolgreiches Altern. Hierbei ist Altern ein Prozess, welcher durch Erfahrungen der früheren Lebensphasen geprägt wird. Verfolgte eine Person in der Phase des jüngeren Erwachsenenalters einen Lebensstil, welcher der sozialen Aktivität oder dem sozialen Rückzug entsprach, so wird diese ihren Lebensstil auch in späteren Lebensphasen kontinuierlich beibehalten. Die Anpassung an altersbedingte Entwicklungen ist also die konstante Bewahrung von vorhandenen inneren sowie äußeren Strukturen und erlernten Strategien im Umgang mit Herausforderungen. Innere Strukturen meinen Persönlichkeitsmerkmale, Kompetenzen, Neigungen oder Einstellungen. Äußere Strukturen beziehen sich auf erworbene Muster innerhalb der sozialen Beziehungen. Kontinuitätsausprägungen werden als Teil der Identität wahrgenommen. Daraus leitet sich die subjektive Lebenszufriedenheit des Individuums ab. Erfolgt ein Abbruch der Lebenssituation durch z. B. Einbußen der Mobilität durch Krankheiten, resultieren daraus Anpassungsstörungen und Unzufriedenheit.

Die Kontinuitätstheorie berücksichtigt im Unterschied zur Disengagementtheorie, dass während des Alterungsprozesses bzw. der Lebensphasen Veränderungen der Einstellungen und Kompetenzen erfolgen und daraus ein unterschiedliches Anspruchsniveau resultieren können (vgl. Matolycz 2011, S. 16).

Die empirische Datenlage zu der Kontinuitätstheorie ist nicht eindeutig und widersprüchlich. Auch diese These konnte sich aufgrund ihrer Ausschließlichkeit nicht etablieren. Dennoch sind die Theorien zu Aktivität, Rückzug und Kontinuität in neueren Entwicklungsmodellen zentrale Prinzipien der Person-Umwelt-Passungen (vgl. Erlemeier 1998, S. 147 f.; vgl. Martin; Kliegel 2005, S. 59 f.).

3.6.5.4 Sozioemotionale Selektivitätstheorie

Die sozioemotionale Selektivitätstheorie wurde in Anknüpfung an die benannten drei Theorien von Carstensen (1992) eingebracht und von Baltes & Baltes durch das Modell der selektiven Optimierung und Kompensation ergänzt. In empirischen Untersuchungen konnte der Verlust von sozialen Netzwerken älterer Menschen und die Änderung ihrer Interaktionsmuster nachgewiesen werden. Diese Tatsache resultiert nach der Theorie nicht aus der Absicht eines sozialen Rückzuges, sondern aus einem Prozess der qualitativen Umstrukturierung sozialer Aktivitäten. Soziale Beziehungen werden nach dem Ausmaß des emotionalen Wertes bewusst selektiert und konzentriert. Dieser Wert ergibt sich aus den positiven Erfahrungen, die in der Vergangenheit gemacht wurden. Belastende Beziehungen zu anderen werden hingegen verringert oder aufgegeben. Soziale Interaktionspartner und Bezugspersonen werden im Vergleich zu früheren Lebensphasen vermehrt selektiert. Das ist aus der Sicht des Älteren sinnvoll und gewünscht. Die Auswahl sozialer Kontakte beeinflusst die subjektive Lebenszufriedenheit.

Die Anpassung an den Alterungsprozess ist nach der sozioemotionalen Selektivitätstheorie eine aktive Gestaltung des sozialen Umfelds durch das Individuum. Die Theorie geht nicht von starren und allgemeingültigen Handlungsmustern aus, sondern sie berücksichtigt die Individualität des Einzelnen und Möglichkeiten zur Veränderung von Motiven, Fähigkeit und Bedürfnissen während der Lebensphasen (vgl. Erlemeier 1998, S. 148 ff.; vgl. Martin; Kliegel 2005, S. 60).

Kritisch anzumerken ist, dass die Selektion sozialer Beziehungen durchaus mit materiellen und nicht mit emotionalen Interessen verbunden sein kann.

Die Datenlage zur sozioemotionalen Selektivitätstheorie ist umfangreich und deren Gültigkeit konnte in zahlreichen empirischen Studien nachgewiesen werden (vgl. Tesch-Römer 2010, S. 84 ff.).

3.6.6 Kognitive Theorien des Alterns

Die aufgeführten Theorien beschreiben objektive Beobachtungen durch Außenstehende zum Altern. Vertreter der kognitiven Theorien sind Thomae (1970) und Lazarus (1984). Die kognitive Theorie des Alterns erfasst auch subjektive Einschätzungen zu den Veränderungen der Kompetenzen und des körperlichen Leistungsvermögens durch die Betroffenen. Die Theorien orientieren sich an dem Verhalten, den Gefühlen und den sozialen Interaktionen. Demnach soll der Umgang mit dem Altern von Menschen nicht durch Reize von außen, sondern durch die subjektive Wahrnehmung, Interpretation und Reaktion auf mit dem Alter einhergehende Veränderungen bestimmt sein. Die Theorien grenzen sich durch die vermittelnde Variable (z. B. Wahrnehmung, Motivation und Verhaltensanpassung) von einander ab (vgl. Erlemeier 1998, S. 69; vgl. Lehr; Thomae 2000, S. 68).

Der Begriff „Kognition" meint die Informationsverarbeitung (Wahrnehmung, Aufnahme, Speicherung, Verarbeitung, Begriffsbildung, Wissensaufbau, Lernen) des Individuums. Es erfasst damit die mentalen Prozesse, die zum Erkenntnisgewinn führen. Anders gesagt, ist es der Überbegriff für sämtliche Prozesse, die zum Erfassen einer Situation gehören, d.h. Wahrnehmung, Erinnerung, Beurteilung, Bewertung/Schlussfolgerung, Vermutung, Verstellung und Erwartung (vgl. Tenorth; Tippelt 2007, S. 408). Im Bereich der sozialen Kognition besteht die Theorie, dass umso geringer die Verarbeitungskapazitäten des Einzelnen (d.h. die Auseinandersetzung des Einzelnen mit einer Situation) sind, desto größer wird das Vorwissen aus vorangegangenen Situationen genutzt (Top-down-Verarbeitung). Dies meint übergeordnete Wissensstrukturen des Gedächtnisses, wie Erwartungen und Schemata. Sind die Verarbeitungsressourcen hingegen hoch, steigt die Wahrscheinlichkeit, dass Informationen aus einer hinzukommenden Situation den vorhandenen Wissensstand verändern (Bottom-up-Verarbeitung). Soziale Kognition erforscht den Einfluss von sozialem Wissen und kognitiven Prozessen bei der Rekonstruktion der subjektiven Wirklichkeit des Einzelnen (vgl. Fiedler; Bless 2003 S. 127 ff.).

Nach Thomae orientiert sich „das Verhalten des Individuums in einer konkreten Situation nicht nach den objektiven Gegebenheiten dieser Situation. Vielmehr wird das Verhalten von der Repräsentation der Situation bei der handelnden Person bestimmt" (vgl. Rupprecht 2008, S. 22 f.). Die subjektive Lebenszufriedenheit entsteht durch die kognitive Auseinandersetzung mit der eigenen Lebenssituation durch die Person selbst. Dabei bestrebt der Einzelne eine Balance an motivationalen Systemen (subjektiven Bedürfnisse) und kognitiven Systemen (subjektiver Wahrnehmung) (vgl. Rupprecht 2008, S. 23). Repräsentationen meinen die individuelle Art und Weise des Abspeicherns von Informationen (vgl. Hayes 1995, S. 27.).

In der Vergangenheit gab es zahlreiche empirische Untersuchungen zur verlangsamten Verarbeitungs- und Wahrnehmungsgeschwindigkeit im höheren Erwachsenenalter. Verhagen und Salthouse (1997) führten eine Metaanalyse mit ca. 5000 Probanden im Alter zwischen 18 und 80 Jahren durch. Forschungsgegenstand waren die individuellen Unterschiede in der Informationsverarbeitungsgeschwindigkeit, in der Arbeitsgedächtnisleistung, in schlussfolgerndem Denken, in räumlicher sowie episodischer Gedächtnisleistung. Innerhalb der Arbeitsgedächtnisleistung bestanden keine Unterschiede bei den Teilnehmern und beim schlussfolgernden Denken sowie der Gedächtnisleistung nur geringe Varianzen.

Im Gegensatz zum Defizitmodell wird Altern nicht als Schicksal verstanden, sondern als ein Prozess, den das Individuum eigenständig gestaltet und an welchem es reifen kann (vgl. Martin; Kliegel 2010, S. 83 f.).

3.7 Altersbilder

In den vorangegangen Kapiteln wurden die Veränderungen der geistigen und sozialen Kompetenzen älterer Mitarbeiter vorgestellt. Das nachstehende Kapitel behandelt die vorherrschenden Altersbilder auf der individuellen und kollektiven Ebene. Beide Bereiche sind für das Verständnis der Einbeziehung älterer Arbeitnehmer von zentraler Bedeutung. Denn daraus ergeben sich positive oder negative Bewertungen der Bedeutung des Erwerbspotenzials älterer Mitarbeiter durch die Arbeitgeber, aber auch durch den Mitarbeiter. Das Kapitel vergleicht abschließend real stattfindende Veränderungen der Leistungsfähigkeit Älterer und imaginär transportierte Stereotype zu den Kompetenzen älterer Menschen.

3.7.1 Begriff „Altersbilder"

In pluralisierten Gesellschaften herrschen zahlreiche Altersbilder. Altersbilder werden in den Disziplinen Soziologie wie auch der Psychologie erforscht. Sie sind Beurteilungskategorien, welche Informationen, Meinungen und Vorstellungen über ältere Menschen in sämtlichen Lebensbereichen vorgeben und den Umgang mit Älteren erleichtern sollen. Diese sind von dem historischen, gesellschaftlichen und kulturellen Rahmen beeinflusst. Altersstereotypen bezeichnen die Übertragung von Erwartungen zu Eigenschaften, Rollen und Verhaltenweisen, die älteren Menschen zugewiesen werden. Dies betrifft auf der kollektiven Ebene normative Überzeugungen zum Alter(n) und auf der individuellen Ebene eigene Überzeugungen darüber, wie Alter(n) erwartet wird (vgl. Backes; Clemens 2008, S. 57 f.). In der Psychologie werden Altersbilder als „kognitive Repräsentationen von selektiven Informationen über die Lebenswirklichkeit alter Menschen und von eigenen Erfahrungen im Umgang mit alten Menschen", also als soziale Einstellungen begriffen (vgl. Erlemeier 1998, S. 25). Dabei kommen drei Komponenten zum Tragen, die emotionale Komponente (Beurteilung), die kognitive Komponente (Meinung) und die Verhaltenskomponente (vgl. Erlemeier 1998, S. 27 ff.).

Stereotypen dienen der Wahrnehmung oder Beurteilung einer einzelnen Person, wobei diese anhand ihrer Zugehörigkeit zu einer Gruppe beurteilt wird. Das Wissen über Eigenschaften der Gruppe kann im wissenschaftlichen Sinne durchaus richtig sein. So ist es laut empirischen Untersuchungen richtig, dass die Mehrzahl der über 55-Jährigen Menschen in Deutschland an mindestens zwei, oftmals chronischen Erkrankungen leidet. Diese Aussage würde zu einem Stereotyp werden, wenn daraus geschlussfolgert würde, dass Menschen im Alter von 55 Jahren oder älter krank sind. In diesem Fall wird nicht das Individuum bewertet, sondern vielmehr wird es als Mitglied einer Kategorie beurteilt, wobei ihr wird ein typisches Merkmal dieser Kategorie zugewiesen.

Altersbilder werden vor allem über Bilder in den Massenmedien (Presse, TV, Internet, Radio und Zeitschriften), über den Körper älterer Menschen und Sprache (verbale Aussagen zu Vorurteilen und Stereotypen) transportiert. Altersbilder werden durch Längsschnittstudien, experimentelle Untersuchungen, kultur- und gesellschaftsvergleichende Untersuchungen, historische Untersuchungen u.a. erhoben (vgl. Deutscher Bundestag 2010, S. 27 ff.).

In der nachstehenden Erörterung werden Selbst- und Fremdbilder des Alters kurz behandelt. Beide stehen in einer kausalen Beziehung zueinander, denn häufig korreliert das Fremdbild mit dem Selbstbild und das Selbstbild bietet die Basis für Fremdeinschätzung und Stereotypenbildung (vgl. Deutscher Bundestag 2010, S. 245).

3.7.2 Individuelle Altersbilder

Altersbilder von Einzelnen betreffen individuelle Vorstellungen, Einstellungen, Überzeugungen und Wissensbestände zum Alter, älteren Personen sowie den Alterungsprozess. Im Rahmen der sozialpsychologischen Forschung werden Stereotypen als mentale Strukturen erfasst. Selbstbilder Älterer sind häufig in ihren Dimensionen vielschichtiger als Fremdbilder vom Alter und weisen eher positivere Assoziationen zum Alter auf (vgl. Deutscher Bundestag 2010, S. 28).

Altersbilder sind entscheidend für die Entwicklung von Menschen, denn Menschen die dem Alterungsprozess im Sinne der Weiterentwicklung und des Gewinns positiv gegenüberstehen, altern anders als Menschen die vornehmlich die mit der Alterung verbundenen Verluste wahrnehmen. Die persönliche Sicht des Einzelnen auf das Alter beeinflusst, neben den Variablen Bildung und finanzielle Ressourcen, dessen Umgang mit seinem Körper, seinem gesundheitlichen Zustand und seiner Lebenserwartung. Personen mit einem positiven Altersbild neigen im stärkeren Maße zu einem gesundheitsfördernden Lebensstil (sportliche Aktivitäten, gesunde Ernährung oder Verzicht auf Nikotin etc.) als Personen mit einem negativen Altersbild. Ältere mit einem positiven Altersbild akzeptieren gesundheitliche Beschwerden als natürliche Folge des Alterungsprozesses und haben eine höhere Bereitschaft zu Versorgungsmaßnahmen.

3.7.3 Gesellschaftliche Altersbilder

Auf der gesellschaftlichen Ebene stellen Altersbilder kollektive Deutungsmuster dar, welche durch den öffentlichen Diskurs über das Alter entstehen. Dabei werden vor allem die soziale Stellung Älterer, Generationenbeziehungen, Normen und Vorstellungen zum Alter(n) thematisiert (Deutscher Bundestag 2010, S. 27 ff.).

Es bestehen sowohl positive als auch negative Altersbilder bzw. -stereotypen. Die negativen Stereotypen werden in der wissenschaftlichen Literatur unter dem Begriff „age-ism" (Altersdiskriminierung) behandelt (vgl. Lehr; Thomae 2000, S. 196). Ageism ist "a type of discrimination that involves prejudice against people based upon their age. Similar to racism and sexism, ageism involves holding negative stereotypes about people of different ages" (vgl. http://psychology.about.com /od/aindex/g/ageism.htm, eingesehen am 04.03.2012). Der Begriff wurde erstmals durch den Gerontologen Robert N. Butler eingeführt und seit Anfang der 50er Jahre wurden vielzählige Untersuchungen dazu durchgeführt. Bei diesen negativen Altersbildern geht es um Fremdeinschätzungen zu älteren Menschen, z.B. dass Ältere besonders von Isolation, Hilfebedürftigkeit, Abhängigkeit und dem Verlust von Fähigkeiten sowie Fertigkeiten betroffen sind. Diese Vorurteile sind insbesondere bei Jüngeren verbreitet. Mit steigendem Lebensalter der Beurteiler wird das Altersbild zunehmend positiver (Lehr; Thomae 2000, S. 196 f.). In jüngerer Zeit scheint dieses negative Altersbild jedoch zu schwinden. In einer im Jahre 1991 durchgeführten Untersuchung des Instituts für Demoskopie gaben in den alten Bundesländern 70 % der Befragten im Alter von 30 bis 59 Jahren an, einen positiven Eindruck von älteren Menschen zu haben (vgl. Lehr; Thomae 2000, S. 204).

3.7.4 Auswirkungen von Altersbildern

Altersbilder erfassen schematische Vorstellungen und Meinungen (Vorurteile) zu Verhaltenserwartungen, Kompetenzen und Defiziten im Alter. Durch diese Generalisierung Älterer gehen die individuellen Besonderheiten des Einzelnen älteren Menschen zurück und es entsteht eine Typisierung bis hin zur Verfestigung von Altersstereotypen (vgl. Erlemeier 1998, S. 25). Das gesellschaftliche Bezugssystem wird zum ausschlaggebenden Faktor für das eigene Selbstbild und -erleben. Dabei besteht für ältere Menschen durchaus eine Diskrepanz zwischen den Rollenerwartungen der

Gesellschaft und eigener Vorstellungen zum altersgerechten Verhalten. Durch gesellschaftliche Normen werden Älteren oftmals altersgerechte Verhaltensweisen aufgezwungen, die ihren eigenen Bedürfnissen und Fähigkeiten nicht entsprechen. Anpassungen an Verhaltenserwartungen der sozialen Umwelt sind für Ältere häufig mit Einschränkungen zugunsten der gesellschaftlichen Normen verbunden. Ihr Selbstbild wird durch diese Stereotypen geprägt und sie beeinflussen ihr Verhalten. Zudem bewirken diese Verhaltenserwartungen häufig negative Erwartungshaltungen gegenüber dem Altern bei jüngeren Menschen. Damit werden Ältere von der Gesellschaft als Problemgruppe eingeordnet (vgl. Lehr; Thomae 2000, S. 199 ff.).

Ebenso wirken Altersbilder auf der institutionellen und organisatorischen Ebene. Durch die klassische Dreiteilung des Lebenslaufs in eine Bildungs-, eine Erwerbs- und eine Ruhestandsphase ist ein typisches Lebenslaufmuster vorgegeben, von welchem der Einzelne nur schwer abweichen kann. Daher orientiert sich die individuelle Lebensplanung oftmals an institutionalisierten Altersgrenzen und -rollen (vgl. Deutscher Bundestag 2010, S. 39 f.).

Altersbilder wirken gleichsam in der Arbeitswelt. Arbeitnehmer, die annehmen, dass an ihrem Arbeitsplatz eine Diskriminierung älterer Mitarbeiter besteht, weisen eine geringere Arbeitszufriedenheit sowie stärkere Distanz zu ihrer Tätigkeit auf als Arbeitnehmer, die diese Annahmen nicht haben (vgl. Deutscher Bundestag 2010, S. 248). Negative Altersbilder in Unternehmen haben gleichsam negative Folgen auf das Selbstwertgefühl und die individuelle Beurteilung der Entwicklungs- und Karrierechancen der Mitarbeiter. Dieses wirkt sich wiederum ungünstig auf die Teilnahmebereitschaft Älterer an betrieblicher Weiterbildung aus (motivationaler Faktor) (vgl. Roßnagel 2008, S. 25).

4. Entwicklung der körperlichen und kognitiven Fähigkeiten im Alter

Die vorliegende Schrift behandelt die betriebliche Weiterbildung älterer Mitarbeiter. Aus dem Alterungsprozess ergeben sich Potenziale und Ressourcen (siehe Kompetenzmodell), wie auch Beschränkungen infolge biologischer Veränderungen (siehe

Defizitmodell). In dem nachfolgenden Kapitel werden die Auswirkungen des Alterns auf die körperlichen, geistigen, sozialen und psychischen Fähigkeiten zusammengefasst. Anschließend wird die Wirkung dieser Veränderungen für die berufliche Leistungsfähigkeit älterer Arbeitnehmer resümiert. Dieser Zusammenhang ist für den weiteren Verlauf der Arbeit wichtig, um die Potenziale und Grenzen älterer Mitarbeiter in Bezug auf betriebliche Weiterbildung zu verstehen. Die Erläuterungen beziehen sich auf das normale und nicht auf das pathologische Altern. Normales Altern ist ein natürlicher Prozess und ist durch das Erreichen der durchschnittlichen Lebensspanne (Lebenserwartung einer repräsentativen Bezugsgruppe) mit alterstypischen Einbußen auf der organisch-somatischen und psychischen Ebene charakterisiert (vgl. Gerok; Brandstädter 1992; S. 357 f.). Die aufgeführten Daten und Erläuterungen stellen Richtwerte und aufgrund der Individualität des Alterungsprozesses keine allgemeingültigen Aussagen dar.

4.1 Entwicklung der körperlichen Fähigkeiten

Die körperlichen und psychischen Fähigkeiten bedingen und kompensieren einander (vgl. Lehr; Thomae 2000, S. 118). Zu den elementaren Ressourcen von Menschen zählt die Wahrnehmung. Als Wahrnehmung werden Prozesse bezeichnet, die Informationen und Reize aus dem Körper sowie der Umwelt aufnehmen, auswerten, einordnen und interpretieren. Durch diese ist Kognition, also Informationsverarbeitung erst möglich. Für die Wahrnehmung sind die externen Sinnesorgane nötig. Zu den externen Sinnesorganen bzw. Rezeptoren gehören die Augen (visueller Sinn), die Ohren (auditiver Sinn), die Haut (taktiler Sinn), die Nase (olfaktorische Sinn), die Zunge (gustatorische Sinn) (vgl. Bründler u.a. 2004, S. 80 ff.; vgl. http://homepage. univie.ac.at/michael.trimmel/kogpsych_ws2001-2002/mallich1.pdf, eingesehen am 28.02.2012).

Bzw. werden im Straßenverkehr vor einer Handlung vorerst Verkehrsschilder oder Verkehrsgeräusche anderer Verkehrsteilnehmer durch das Sehen und Hören wahrgenommen. Ein Abbau der sensorischen Funktionen hat zum einen beträchtliche Folgen für die kognitiven Fähigkeiten, zum anderen werden neben den geistigen und persönlichen Kompetenzen auch die körperliche Leistungsfähigkeit bei Mitarbeitern vorausgesetzt (vgl. Martin; Kliegel 2010, S. 170 ff.). Ein Abbau der biologischen Funktionen hat gleichsam Konsequenzen auf die Arbeitsleistung der Mitarbeiter. Dieses kann in einigen wissensnahen Berufen unserer Informationsgesellschaft durch Hilfsmittel ausgeglichen werden, wie durch Hörgeräte, Seh- und Gehhilfen, Gedächtnis- und Krafttrainings oder Arbeitsplatzanpassungsmaßnahmen (vgl. Martin; Kliegel 2010, S. 58 ff.). In Berufen (z.B. Berufskraftfahrer oder Metallarbeiter) hingegen, die eine hohe körperliche Belastbarkeit voraussetzen, kann der Abbau körperlicher Fähigkeiten zur Berufsunfähigkeit führen.

Sensorische Fähigkeiten haben direkte Auswirkungen auf die Wahrnehmung und damit auf die kognitiven Fähigkeiten bzw. auf die Informationsverarbeitungsgeschwindigkeit Älterer. Im Folgenden werden lediglich die sensorischen Fähigkeiten der Ohren und Augen dargestellt, denn insbesondere die Funktion dieser Sinnesorgane ist im Berufsleben unabdingbar. Weiterhin werden Veränderungen der motorischen und sensomotorischen Fähigkeiten erörtert, denn diese Fähigkeiten sind für das Berufsleben vieler Arbeitnehmer ebenfalls zentral.

4.1.1 Hören

Beim Hören werden akustische Reize vom auditiven System empfangen, analysiert und beurteilt. Durch den Alterungsprozess kommt es zu anatomischen und physiologischen Veränderungen des Hörsystems und der individuellen Hörleistung. Häufig werden einfache, niedrigschwellige Reize und geringe Frequenzunterschiede (Veränderungen in der Wahrnehmung des Schalldruckes) zunehmend schlechter wahrgenommen. Erste Hördefizite treten bei Männern bereits ab dem 30. Lebensjahr und bei Frauen ab dem 50. Lebensjahr auf. Etwa die Hälfte aller 60-Jährigen hat deutlich messbare Hörverluste, insbesondere in den höheren Sequenzen.

Ältere leiden auch häufig unter Problemen beim Sprachverstehen und bei der Lokalisation von Geräuschquellen. Vor allem Verzerrungen (häufig bei synthetischen Stimmen), undeutliche Sprache, schnelle Sprechweise und Hintergrundgeräusche beeinträchtigen ihre Sprachwahrnehmung. Als Ursache für diese Verschlechterungen werden Veränderungen im Gehirn angenommen.

Hören dient der Orientierung im Raum und ist Basis der Kommunikation in sozialen Beziehungen und damit Basis für die Verständigung mit Kollegen, Kunden etc. sowie für die Informationsaufnahme und -verarbeitung in Arbeitsprozessen (vgl. Martin; Kliegel 2010, S. 171 f.; vgl. Wahl/Heyl 2007, S. 141 ff.; vgl. www3.psychologie.hu-berlin.de/ingpsy/alte Verzeichnisse - Arb1/Lehrveranst/ seminar/psych_technik/alte_am_automaten/veränderungen in alter schön.htm, eingesehen am 25.02.2012).).

4.1.2 Sehen

Beim Sehen werden optische Reize vom visuellen System aufgenommen, analysiert und gedeutet. Oftmals kommt es im Alter zu einer Verdickung der Hornhaut oder Veränderungen der Netzhaut des Auges (vgl. Martin; Kliegel 2010, S. 172 ff.; vgl. Wahl; Heyl 2007, S. 134 ff.). Aus altersbedingten Veränderungen der Anatomie und Physiologie des visuellen Systemes resultieren folgende Einschränkungen:

- **Verminderung der Sehschärfe**: Die Sehschärfe ist die Fähigkeit zwei getrennte Punkte oder Linien als getrennt wahrzunehmen. Ein 60-Jähriger verfügt noch über 74%, ein 80-Jähriger nur noch über 47% der Sehschärfe eines 20-Jährigen.

- **Erhöhter Lichtbedarf**: Die Sehschärfe ist abhängig von der Beleuchtungsstärke und dem vorhandenen Kontrast. Im Alter werden höhere Leuchtdichten benötigt, um scharf sehen zu können. Ein 70-Jähriger braucht im Vergleich zu einem 20-Jährigen eine dreifach höhere Leuchtdichte, um einen Reiz wahrzunehmen. Die Sehleistung kann durch eine stärkere Beleuchtung optimiert werden.

- **Schlechtere Kontrastwahrnehmung**: Mit steigendem Alter kommt es zu einer Verringerung der Pupillengröße und zu einer Trübung der Linse. Dadurch gelangt weniger Licht durch die Linse auf die Retina und die Kontrastsensitivität sinkt. Bei den 65-Jährigen wird die Abnahme der Kotrastempfindlichkeit auf 3 % pro Jahr geschätzt.

- **Höhere Blendempfindlichkeit**: Durch eine Verdichtung der optischen Medien des Auges sowie die Trübung der Linse durch Einlagerungen kommt es zu einer höheren Empfindlichkeit gegenüber blendendem Licht und Lichtreflexionen. Ab dem 40. Lebensjahr nimmt die Empfindlichkeit gegen blendendes Licht ab und die Empfindlichkeit gegen Lichtreflexionen zu

- **Verzögerte Scharfeinstellung**: Veränderungen der Augenlinse, d.h. zunehmendes Härterwerden und abnehmende Elastizität, haben zur Folge, dass mehr Zeit benötigt wird, bis ein Objekt scharf gesehen wird.
- **Altersweitsichtigkeit**: Aus einer nachlassenden Akkommodationsfähigkeit der Linse und größerer Nahpunkt-Distanz folgt Altersweitsichtigkeit. Ab dem 45. Lebensjahr ist der Nahpunkt weiter entfernt als der übliche Leseabstand.
- **Verzögerte Hell-Dunkel-Adaptation**: Durch Veränderungen der Retina braucht das Auge ab dem 50. Lebensjahr länger, um sich an veränderte Lichtverhältnisse anzupassen. Bei sehr grellem Licht braucht das Auge im Alter länger, um sich von der Blendwirkung zu erholen.
- **Beeinträchtigte Tiefenwahrnehmung**: Aus der nachlassende Akkommodationsfähigkeit des Auges und Verminderung der Linsenklarheit resultiert ab dem 40. Lebensjahr eine Verschlechterung der Tiefenwahrnehmung. Die richtige Einschätzung von Entfernungen und Ausdehnungen dreidimensionaler Gegenstände wird schwieriger.
- **Einengung des Gesichtsfeldes**: Veränderungen der Retina führen dazu, dass sich der von einem Auge aus sichtbare Ausschnitt der Umwelt verringert. Dieses erfolgt ab dem 55. Lebensjahr (vgl. www3.psychologie.hu-berlin.de/ingpsy/alte Verzeichnisse - Arb1/Lehrveranst/seminar /psych_technik/alte_am_automaten/veränderungen in alter schön.htm, eingesehen am 25.02.2012; vgl. http://www.emk.tu-darmstadt.de /~weissmantel/sensi/kap4.pdf, eingesehen am 25.02.2012).

Sehen dient der Wahrnehmung und Einordnung der Umwelt. Ein Verlust dieser Fähigkeit hat z.B. zur Folge, dass das Lesen oder Autofahren zunehmend mit Schwierigkeiten verbunden ist. Beides bedingt jedoch häufig einen erfolgreichen Arbeitsalltag.

4.1.3 Motorik und Psychomotorik

Motorik ist die Gesamtheit der Bewegungsmöglichkeiten von Menschen und meint unwillkürliche motorische Reflexe. Motorische Fähigkeiten sind Ausdauer, Kraft, Schnelligkeit, Koordination, Gelenkigkeit oder Gleichgewicht. Die Fähigkeiten bedingen einander. Die individuelle Motorik ist abhängig von Konstitution, Typus, Temperament, Geschlecht und Alter. Es wird zwischen Erb- sowie Erwerbsmotorik differenziert. Des Weiteren bestehen unterschiedliche Formen von Beweglichkeit, d.h. die allgemeine, spezielle, aktive und passive Beweglichkeit. Allgemeine Beweglichkeit bezieht sich auf die wichtigsten Gelenksysteme (Schulter, Hüfte, Wirbelsäule).

Infolge des Alterungsprozesses kommt es zu regenerativen Veränderungen der Knie-, Schulter-, Hüftgelenke und der Wirbelsäule). Die Beweglichkeit, insbesondere die allgemeine nimmt während des Alterungsprozesses zunehmend ab. Daher können Ältere häufig spezielle Bewegungen, wie Überkopfgreifen oder Hinunterbeugen lediglich bedingt ausüben.

Die Muskelkraft steigt bis zum 30. Lebensjahr und danach sinkt diese kontinuierlich. Ein Mensch im Alter von 70 bis 79 Jahren besitzt ca. 80 % der durchschnittlichen Muskelkraft eines 20 bis 29-Jährigen. Auch das Halten des Gleichgewichtes sinkt und die Sturzgefahr steigt, da die Verarbeitung propriozeptiver Informationen (Lage des Körpers und einzelner Körperteile im Raum) abnimmt. Es wird angenommen, dass dieses mit dem Schwinden der Muskelkraft, sensorischen und kognitiven Kompetenzen zusammenhängt (vgl. Bögge 2009, S. 45; vgl. Kenntner u.a. 2006, S. 40 ff.; vgl. Martin; Kliegel 2010, S. 178 ff.).
Mit steigendem Alter nehmen die Fingerfertigkeit bzw. Feinmotorik ab. Zittern, fehlende Beweglichkeit der Gelenke und nachlassender Tastsinn führen zu Einbußen in der Feinmotorik Älterer. Vor allem bei der Bedienung kleiner oder sehr dicht beieinander liegender Tasten und Knöpfe haben Ältere Einbußen (vgl. www3.psychologie.hu-berlin.de/ingpsy/alte   Verzeichnisse   - Arb1/Lehrveranst/seminar/psych_technik/alte_am_automaten/veränderungen in alter schön.htm, eingesehen am 25.02.2012).

Die Psychomotorik meint die Gesamtheit der Bewegungsleistungen, welche durch psychische Vorgänge reguliert werden. Psychomotorische Fähigkeiten sind koordinierte und willentliche Bewegungsabläufe, die situationsbezogen ausgeübt werden. Nach der Verarbeitung der sensorischen Informationen (z.B. von Licht und Tönen) folgt eine Reaktion des motorischen Systems. Innerhalb dieses Forschungsbereiches werden insbesondere Reaktions- und Bewegungszeiten von Menschen getestet. Die Reaktionszeit ist die Dauer zwischen der Reizwahrnehmung und dem Beginn der Bewegung als Reaktion. Diese Leistung verlangsamt sich aufgrund sensorischer, körperlicher und kognitiver Veränderungen mit zunehmendem Alter. Bei Menschen, die über 65 Jahre alt sind, ist die Reaktionszeit um 25 % länger als bei jüngeren Menschen. Die Bewegungszeit ist die Dauer zwischen dem Beginn und dem Ende einer Bewegung. Dabei konnten keine eindeutig signifikanten Unterschiede zwischen den Altersgruppen nachgewiesen werden. Allerdings ist die visuelle Kontrolle eigener Bewegungen für Ältere bedeutsamer als für Jüngere. Aufgrund der verlangsamten Reaktionszeit haben ältere Menschen Schwierigkeiten, mehrere Handlungen gleichzeitig zu koordinieren.

Insgesamt sinken mit zunehmendem Alter die Muskelkraft, Ausdauer, Schnelligkeit, Koordination, Geschicklichkeit und Beweglichkeit. Bei einem inaktiven Lebensstil nehmen sämtliche (psycho)motorischen Fähigkeiten ab. Bereits geringe Bewegungsaktivitäten verzögern diese Rückbildungsprozesse und wirken diesen entgegen. Bei einer inaktiven Lebensweise setzt der Rückgang der Leistungsstärke zwischen Ende des 20. und Anfang des 30. Lebensalters ein. Um die motorischen Leistungen Älterer zu stärken, gibt es zahlreiche Angebote des Alterssports, welche die Ausdauer, Muskulatur, Reaktionsfähigkeit und Haltung anregen sollen. Bewegungstrainings sind mit höherem Aufwand verbunden als bei Jüngeren. Dennoch konnten bei Menschen bis 80 Jahre durch Krafttrainings die Muskelmasse um 20 % erhöht und die Flexibilität verbessert werden. Andere Studien (Meusel 1996) belegen, dass hochtrainierte Personen in einzelnen Gebieten der motorischen Kompetenzen das Leistungsniveau von 20 bis 40-Jährigen Untrainierten erlangen konnten. Trotz der positiven Wirkung von Trainings (z.B. sensomotorischen Trainings, Ausdauer- und Krafttrainings) für Ältere, können bei ihnen häufig Barrieren gegenüber den Aktivitäten bestehen. Während die Blockaden gegenüber sportlichen Aktivitäten im jüngeren

Lebensalter häufig gering sind, können diese in höheren Lebensjahren stark ansteigen. Gründe für die mangelnde Motivation liegen in:

- dem negativen Selbstbild oder Körperbild und den gesellschaftlichen Altersbildern,
- der schlechten Erreichbarkeit von Trainingsmöglichkeiten für ältere Menschen,
- der eigenen Unsicherheit zu den verbliebenen Kräften,
- dem jeweiligen Gesundheitszustand,
- den Misserfolgserlebnissen bei sportlichen Aktivitäten,
- den mangelnden Kenntnissen zu Möglichkeiten sportlicher Aktivität im höheren Alter,
- der Ablehnung mit fremden Personen Sport zu betreiben.

Menschen, welche in jüngeren Lebensjahren einen aktiven Lebensstil pflegten, bewahren sich diesen häufig bis ins hohe Alter (vgl. Kenntner u.a. 2006, S. 40; vgl. Lehr; Thomae 2000, S. 118 f.; vgl. Martin; Kliegel 2010, S. 184.).

4.2 Entwicklung der kognitiven Fähigkeiten im Alter

4.2.1 Begriff „Kognition"

Der Begriff „Kognition" entstammt dem lateinischen Wort „cognoscere" und bedeutet erkennen bzw. erfahren. Der Begriff „Kognition" bezeichnet also alle geistigen Funktionen sowie Prozesse, die mit dem Erkennen einer Situation zusammenhängen. Kognition meint Prozesse der Informationsverarbeitung wie Aufnahme (Wahrnehmung), Verarbeitung (Begriffsbildung, Wissensaufbau und Lernen) und Speicherung (Gedächtnis) (vgl. Tenorth; Tippel 2007, S. 408). Zu den kognitiven Fähigkeiten zählen die Bereiche Intelligenz, Lernen, Erkennen, Urteilen, Bewerten, Problemlösen, Erwartung u.a. (vgl. Bründler u.a. 2004, S. 83). Bei kognitiven Prozessen kommen also die Gebiete Wahrnehmung, Aufmerksamkeit, Denken und Gedächtnis zum Tragen (vgl. Hayes 1995, S. 11). Die kognitiven Ressourcen sind neben den körperlichen Ressourcen die grundlegende Voraussetzung für die Gestaltung des Privat-

und Berufslebens. Sie beeinflussen das Verhalten, die Biographie, die Erinnerung sowie die Aufmerksamkeit des Einzelnen (vgl. Martin; Kliegel 2010, S. 185). Die Entwicklung kognitiver Prozesse ist mit dem Erwachsenenalter nicht abgeschlossen. Die einzelnen kognitiven Fähigkeiten und Prozesse entwickeln sich während des Alterungsprozesses variabel. Diese können abbauen, konstant bleiben oder zunehmen. Bspw. bleibt die verbale Intelligenz (Wortschatz und Sprachverständnis) über das Lebensalter hinweg meist konstant. Die Komponente persönliches Verhalten steigt oftmals (vgl. Anderson 2007, S. 511 f.).

Die geistige Leistungsfähigkeit ist wesentliche Grundlage für das sog. lebenslange Lernen und damit für betriebliche Weiterbildung (vgl. Hof 2009, S. 102).

4.2.2 Intelligenz

Intelligenz ist eine Voraussetzung für die kognitive Leistungsfähigkeit. Der Begriff „Intelligenz" hat seinen Ursprung im Lateinischen intelligentia/intellectus und meint Einsicht bzw. Verstand (vgl. Stolz 2008, S. 208 f.). In der Psychologie ist der Begriff „Intelligenz" nicht eindeutig eingegrenzt, da Intelligenz keine generalistischen und objektiven Kriterien zur Messung bietet. Die Intelligenz eines Menschens wird daher in Abhängigkeit von der Forschungstradition häufig an seinem Verhalten ermittelt (z.B. Problemlösungsstrategien) (vgl. Funke, Vaterrodt 2009 S. 9 ff.). Zur Messung und Definition solcher Fähigkeiten dienen Intelligenztests, meistens mit der Methode des zeitbegrenzten Papier-und Bleistift-Tests. Mit dem Binet-Simon-Test ist der erste anerkannte Intelligenztest von Binet und Simon (1905) zur Messung der intellektuellen Fähigkeiten bei Schülern eingeführt worden. Danach wird Intelligenz durch „die Art der Bewältigung einer aktuellen Situation" ersichtlich. Wechsler (1944) definiert Intelligenz als „die zusammengesetzte oder globale Fähigkeit des Individuums, zweckvoll zu handeln, vernünftig zu denken und sich mit seiner Umgebung wirkungsvoll auseinander zu setzen" (vgl. Binet; Simon; Wechsler zit. nach Amelang u.a. 2006, S. 166).

Intelligenz wird als Persönlichkeitseigenschaft gesehen. Dabei wird die allgemeine Intelligenz durch den in Intelligenztests ermittelten sog. Intelligenzquotienten (IQ) als oberste Ebene verstanden (vgl. Asendorpf 2011, S. 78).

Die Tests von Binet; Simon und Wechsler ermitteln die allgemeine Intelligenz quantitativ anhand des Maßes des Intelligenzquotientens. Der Wechsler-Intelligenztest für Erwachsene, beinhaltet Aufgaben zur Messung der Gedächtnisspanne, des Wortschatzes, der Bildzuordnung, des analogen Schließens, der räumlichen Beurteilung sowie des Rechnens. Da die intellektuellen Fähigkeiten von Menschen in unterschiedlichen Bereichen mehr oder weniger ausgeprägt sind, bestehen noch vielzählige weitere Tests, die explizite Fähigkeiten messen. Bspw. kann ein Mensch Schwächen in der verbalen Intelligenz aufweisen, aber im Bereich des räumlichen Denkens besonders stark sein (vgl. Anderson 2007, S. 516 ff.). Dennoch stellt Intelligenz nach den meisten kognitiven Theorien ein mehrdimensionales Konstrukt dar. Intelligenz ist demnach „ein System von mehr oder weniger miteinander zusammenhängenden Fähigkeiten und Prozessen, deren Zusammenwirken sich in Leistungen wie der Lösung unterschiedlichster Erkennungs-, Gedächtnis-, Denk- und Wissensaufgaben manifestiert" (vgl. Smith; Baltes 2010, S. 248). Die Kriterien zur Beurteilung von Intelligenz sind kultur-, übungs-, millieu- und bildungsabhängig (vgl. Malby u.a. 2011, S. 560 ff.).

Es bestehen zahlreiche Intelligenztests zur standardisierten Messung intellektueller Fähigkeiten im Erwachsenenalter, welche den Anspruch erheben, die fluide (mechanische) sowie die kristalline (pragmatische) Intelligenz bei Menschen zu messen. Nach Chatell (1971) und Horn (1982) meint die fluide Intelligenz die Fähigkeit zur Informationsverarbeitung und zum Lösen abstrakt-rationaler Probleme. In Tests werden dazu die Wahrnehmungsgeschwindigkeit, das räumliche Vorstellungsvermögen, die Kombinationsfähigkeit und die Merkfähigkeit gemessen. Dieses ist eine angeborene Fähigkeit und hat Auswirkungen auf das Arbeitsgedächtnis. Die kristalline Intelligenz erfasst erworbene Fähigkeiten und erworbenes Wissen (Expertise), wie z.B. Wortschatz, Sprachverständnis, Allgemein- und Faktenwissen und erfasst daher erworbene bzw. kumulative Fähigkeiten während der Lebensspanne. Laut Chatell stehen die fluide und kristalline Intelligenz in einer dynamischen Beziehung zueinander. Ein Mensch ohne entsprechende fluide Intelligenz wird kein umfangreiches Faktenwissen erwerben. Intelligenz ist nach Perdersen (1996) zu 80 % auf genetische Veranlagung zurückzuführen. Der genetische Anteil, der fluide Intelligenz bedingt, liegt bei 75 % und bei der kristallinen Intelligenz bei 50 %. Der Ansatz von Chatell geht davon aus, dass die fluide Intelligenz bereits ab dem mittleren Lebensalter sinkt und die kristalline Intelligenz mit dem kalendarischen Lebensalter steigt. Laut der Berliner Altersstudie hingegen haben zahlreiche Quer- und Längsschnittstudien belegt, dass fluide Fähigkeiten (interindividuelle Ebene) mit zunehmendem Alter früher abnehmen als die kristallinen Fähigkeiten (intraindividuelle Ebene). Dennoch ist Alter ein Faktor für den Verlust beider Fähigkeiten. Allerdings kann der Abbau fluider Fähigkeiten mit kristallinen Fähigkeiten ausgeglichen werden.

Insgesamt berücksichtigen Intelligenztests nicht den Anlage-Umwelt-Zusammenhang, d.h. den Einfluss angeborener Begabung sowie erworbenen Fähigkeiten. Insbesondere Kinder mit sozialer Benachteiligung können eine intellektuelle Begabung besitzen, welche jedoch aufgrund von mangelnden Möglichkeiten des sozialen Umfeldes (wie Familie) nicht weiter gefördert wurden, sodass diese Kinder ihre intellektuellen Fähigkeiten nicht optimal entwickeln konnten. Viele kognitive Theorien der Intelligenz basieren daher auf der Annahme, dass intellektuelle Fähigkeiten durch biologische wie auch durch kulturelle Einflüsse beeinflusst werden. Vor allem die Erlangung kristalliner Intelligenz setzt häufig einen milieuspezifischen bzw. entsprechenden kulturellen Hintergrund voraus. Insofern ist es fraglich, ob Tests zur allgemeinen Intelligenz die intellektuellen Fähigkeiten tatsächlich ermitteln können (vgl. Reischies; Lindenberger 2010, S. 383; vgl. Lehr; Thomae 2000, S. 80; vgl. Amelang u.a. 2006, S. 166 f.; vgl. Malby u.a. 2011, S. 521 ff.; vgl. Schäfer; Bäckmann 2007, S. 246 f.).

In der Forschung gehen die Annahmen zur Intelligenzentwicklung im Alter auseinander. Wie bereits in den Ausführungen des Defizitmodells oder dieses Kapitels beschrieben, gehen einige Wissenschaftler von der Annahme aus, dass Alter keine Variable für den Abbau intellektueller bzw. kognitiver Fähigkeiten ist. Andere widerlegten diesen Zusammenhang. Laut der Studie BASE der Berliner Altersstudie

besteht eine Korrelation zwischen dem Faktor Alter und der kognitiven Leistungsfähigkeit. Demnach erzielten Menschen im hohen und sehr hohen Alter in den Bereichen der fluiden Intelligenz (Wahrnehmungsgeschwindigkeit, Denkfähigkeit, Gedächtnis) wie in den Bereichen der kristallinen Intelligenz (Wissen, Wortfluss)
durchschnittlich schlechtere Testergebnisse als jüngere Teilnehmer. Dennoch be-
stand in dieser Altersgruppe eine hohe individuelle (insbesondere interindividuelle)
Variabilität der geistigen Leistungsfähigkeit.

Für viele Wissenschaftler ist es eindeutig, dass die Vorbildung von Menschen einen
entscheidenden Einfluss auf die Entwicklung kognitiver Leistungsfähigkeit im Alter
aufweist. Nach einer Untersuchung von Schaie (1968) besaßen Colleg-Graduierte im
Alter von 70 bis 88 Jahren überdurchschnittliche Leistungen in der kristallinen
Intelligenz. Ebenso verlangsamt sich durch Schulbildung merklich der Abbau intellektueller Fähigkeiten im Alter. Gleiches gilt für das Merkmal Beruf. Die Erhaltung
von sozialen Beziehungen bzw. des sozialen Netzwerkes hat einen positiven Einfluss
auf die Entwicklung kognitiver Fähigkeiten im Alter (vgl. Lehr; Thomae 2000, S. 82
ff.; vgl. Hayes 1995, S. 39 f.; vgl. Reischies; Lindenberger 2010, S. 376 ff.).

Auch über den Beginn des Verlusts intellektueller Leistungsfähigkeit herrscht im
Forschungsdiskurs Uneinigkeit. Schae (1993) konnte in seiner empirischen Untersu-
chung zeigen, dass ein Abbau intellektueller Leistungsfähigkeit erst ab dem 80.
Lebensjahr beginnt, insbesondere nicht im Bereich der kristallinen Fähigkeiten. Die
Berliner Altersstudie belegt ein Absinken der Fähigkeiten (vor allem der fluiden)
bereits ab dem hohen Erwachsenenalter (65 bis 85 Jahre).

Da die fluide Intelligenz die Fähigkeit zur Informationsverarbeitung ist, resultieren
aus dem Abbau eine Verlangsamung der Informationsverarbeitungsgeschwindigkeit
(vgl. Schäuble 1995, S. 229). Dieser Leistungsabbau ist nicht von biologischen
Faktoren abhängig, sondern von individuellen Umweltbedingungen (Hof 2009, S.
104). Im hohen Erwachsenenalter (60 bis 80 Jahre) können die fluiden Fähigkeiten
durch Trainingsprogramme bzw. Übung gesteigert und daher der Abbau der fluiden
Intelligenz verzögert werden. Dennoch erreichen diese Leistungssteigerungen nicht
das Niveau von jüngeren Menschen (20 bis 40 Jahre) (vgl. http://groups.uni-

paderborn.de/psychologie/scha-vortrag-lernumgebungen.pdf, eingesehen am 04.03.2012; vgl. Erlemeier 1998, S. 88).

4.2.3 Gedächtnis

Der Begriff „Gedächtnis" umfasst einen vielschichtigen dynamischen Prozess und meint verschiedene Gedächtnisfunktionen. Oswald versteht unter Gedächtnis „die Fähigkeit eines Organismus, Informationen aufzunehmen (Einprägung, Lernen), eine gewisse Zeit zu speichern (Behalten, Retention) und auf spezifische Schlüsselreize hin (Assoziation) wiederzugeben (Reproduktion)" (vgl. Oswald 2008, S. 43).

Das Gedächtnis wird in Abhängigkeit von der Dauer der Informationsspeicherung in drei Subsysteme unterteilt. Die erste Speicherung erfolgt über das sensorische Gedächtnis (auch Ultra-Kurzzeitgedächtnis genannt). Dabei werden über die Sinnesorgane vielzählige Informationen aufgenommen und für den Bruchteil einer Sekunde gespeichert. Durch Abrufprozesse im Langzeitgedächtnis wird die Notwendigkeit zur Abspeicherung in das Arbeitsgedächtnis erkannt. Der zweite Informationsspeicher ist das Kurzzeitgedächtnis (auch Arbeitsgedächtnis). Dabei können lediglich eine begrenzte Anzahl von Informationen aufgenommen und für einige Sekunden und Minuten behalten werden. Dieses wird auch als Endkodierung bezeichnet. Kodierung meint jene Prozesse, welche externe Informationen in interne Informationen übersetzt. Diese Informationen werden wieder vergessen, falls diese nicht im dritten Speicher, dem Langzeitgedächtnis, wiederholt genutzt werden. Die dauerhaft abgespeicherten Inhalte werden mit bereits existenten Inhalten verbunden und können über das Kurzzeitgedächtnis abgerufen werden. Das Langzeitgedächtnis umfasst laut Calabrese; Markowitsch (2003) fünf Gedächtnisfunktionen (das episodische, semantische, perzeptuelle, prozedurale Gedächtnis sowie das Priming-Gedächtnis). Das episodische Gedächtnis speichert individuell erlebte Lebensereignisse. Das semantische Gedächtnis speichert Faktenwissen und Wortschatz. Das perzeptuelle Gedächtnis ermöglicht das Erkennen der Umwelt. Das prozedurale Gedächtnis speichert erlernte Bewegungsabläufe. Das Priming-Gedächtnis verbindet Wahrnehmungen mit früheren Bedeutungskategorien und ermöglicht eine einfachere Erkennung dieser. Ab dem 50. Lebensjahr sinken die Gedächtnisleistungen und bis zum 75. Lebensjahr lässt die Gedächtnisfähigkeit um ca. 25 % nach. Die Ursachen dafür sind nicht erwiesen. Die nachstehende Beeinträchtigungen in den Gedächtnisfunktionen resultieren aus dem Alterungsprozess.

- Durch den Verlust von visuellen und akustischen Fähigkeiten erfolgt in den sensorischen Registern bzw. im Gedächtnis ein Zerfall.
- Die Merkfähigkeit im Kurzzeitgedächtnis geht zurück. Die Fähigkeit, gleichzeitig Informationen zu verarbeiten und zu behalten, sinkt.
- Die Aufnahme-, Endkodierungs- und Abrufgeschwindigkeit aus dem Kurzzeitgedächtnis ist reduziert. Die Merkfähigkeit lässt nach.
- Lerninhalte werden oberflächlicher verarbeitet und daher entsteht ein Behaltensdefizit.
- Ältere haben häufig eine Kodierungsschwäche, wodurch ihnen Lerntechniken (wie das Bauen von Eselsbrücken) fehlen, die für einen erfolgreichen Lernprozess notwendig sind.
- Mit Ausnahme des episodischen Gedächtnisses verändern sich die Langzeitgedächtnisfunktionen nicht. Durch das episodische Gedächtnis werden kürzlich erlernte Bilder, Sätze oder Geschichten erinnert. Die Wiedergabe solcher Erinnerungen ist bei Älteren im Vergleich zu Jüngeren eingeschränkter (vgl. Erlemeier 1998, S. 83; vgl. Martin; Kliegel 2010, S. 193 ff.; vgl. Oswald 2008, S. 43 ff.).

Ein altersbedingter Abbau der Gedächtnisfunktionen betrifft das sensorische Gedächtnis, Kurzzeitgedächtnis und episodische Gedächtnis. Die Veränderung des Gedächtnisses im Alter ist von der Lebenslage eines Menschen abhängig. Umso stärker ein Individuum geistig gefordert ist und seine Gedächtnisprozesse aktiviert, desto geringer ist der Abbau der Gedächtnisfähigkeiten im Alter (vgl. Oswald 2008, S. 56). Es bestehen unterschiedliche Gedächtnistrainings, die der Förderung der Gedächtnisfunktionen bzw. Merkfähigkeit (z.B. das multimodale Gedächtnistraining) dienen (vgl. Lehr; Thomae 2000, S. 105).

4.2.4 Lernen

Der Begriff „Lernen" wird allgemein als Verhaltensänderung aufgrund von Erfahrungen definiert. In der Psychologie wird Lernen in Abhängigkeit von der wissenschaftlichen Perspektive oftmals beschrieben als:

- Reiz-Reaktions-Verbindung (Behaviorismus),
- Gewinn von Einsicht (Kognitivismus),
- Regelkreis (Kybernetik),
- Verarbeitung von Information (Informationstheorie)

In der Pädagogik wird Lernen als Notwendigkeit für die Erziehung und Sozialisation von Menschen angesehen. Dabei bestehen folgende Lernformen:

- Sinnfreies Lernen (Auswendiglernen),
- Sinnvolles Lernen (Lernen durch Einsicht und Problemlösung),
- Intentionales Lernen (Lernen mit Absicht und Intention),
- Inzidentelles Lernen (Lernen aufgrund eines äußeren Anlasses/Lernauftrag),
- Rezeptives Lernen (Lernen nach Vorgaben und Aufgaben),
- Entdeckendes Lernen (eigene kreative Suche nach Lösungswegen einer Problemlösung) (vgl. Schröder 2002, S. 13 ff.).

Lernen ist „ein Prozess, in den die ganze Person des Lernenden eingebunden ist und den sie nach dem Maß ihrer Vorbildung und ihrer Potenziale selbst beeinflusst" (vgl. http://www.generation-gold.biz/bilder/beitraege/beitrag_332.pdf, eingesehen am 04.03.2012). Für den Bereich von Lernen innerhalb von Bildungsmaßnahmen des beruflichen Kontextes umfasst der Bildungsbegriff, laut dem Deutschen Bildungsrat, organisierte Lernprozesse, die der Vertiefung, Erweiterung oder Erneuerung von Kenntnissen, Fähigkeiten und Fertigkeiten dienen (vgl. Gnahs 2010, S. 15). Dabei wird im Rahmen des sog. lebenslangen Lernens zwischen dem formalen, non-formalen und informellen Lernen differenziert:

- **Formales Lernen**: wird im institutionellen Rahmen erbracht. Diese Lernform ist durch die Festsetzung von Lernzielen, Inhalten, Dauer, Methoden und Leistungskontrollen (Zeugnisse und Zertifikate) organisiert. Es wird in

Bildungsinstitutionen wie Schulen, Universitäten und Weiterbildungsträgern erbracht. Darunter fallen u.a. Meister- und Fachwirtprüfungen.

- **Non-Formales Lernen**: basiert auf Lernen durch persönliche Erfahrungen im Arbeitsleben wie bei der Teilnahme an Praktika, Jobrotationen sowie Traineeprogrammen. Dazu gehören z.b. innerbetriebliches Führungskräfte-training, Kurse in Fahrschulen oder an der Volkshochschule (VHS).

- **Informelles Lernen**: legt keine Lernziele fest und bezeichnet Lernen in Alltagssituationen innerhalb sämtlicher Lebensbereiche außerhalb eines institutionellen Rahmens. Es geht z.B. um Erfahrungsaustausch in sozialen Interaktionen. Hierbei profitieren häufig die jüngeren Generationen von den kreativen Potenzialen und Problemlösungsstrategien älterer Generationen. Das findet bei Selbstlernprogrammen am PC, beim Lesen von Fachzeitschriften oder bei Unterweisungen am Arbeitsplatz statt (vgl. Gnahs 2010, a, S. 18; vgl. Kruse 2009, S. 829)..

Bis in die 60er Jahre hinein war die sog. Adoleszenz-Maximum-These verbreitet, die von der Annahme ausgeht, dass der Höhepunkt der Lernfähigkeit von Menschen in der Adoleszenz liegt und ab dem 25. Lebensalter zurückgeht. Diese These gilt heute als widerlegt. In der Wissenschaft gilt allgemein Einigkeit darüber, dass die kognitiven Fähigkeiten ab dem 60. Lebensjahr abnehmen (vgl. Hof 2009, S. 102 f.). Das Erlernen neuer Inhalte ist auch noch im hohen und höheren Erwachsenenalter möglich. Diese bedarf jedoch eines größeren Zeit- und Lernaufwandes im Vergleich zu jüngeren Menschen. Eine Ursache dafür könnte in einer geringeren Weiterbildungs-erfahrung liegen. Dies zeigt sich vor allem in der Aneignung neuer Assoziationen oder Sprachen (vgl. Martin; Kliegel 2010, S. 227). Daher ist es wichtig, dass die Lernfähigkeit Älterer durch ständige Übung aktiviert wird. Andernfalls verkümmern diese Ressourcen (vgl. Erlemeier 1998, S. 82).

Experimentelle Studien zur Lernfähigkeit älterer Menschen haben die folgenden Ergebnisse erbracht:

- Ältere Menschen lernen bei sinnfreiem Material schlechter. Bei sinnvollen Materialien hingegen, die einen Sinnzusammenhang aufweisen, sind ihre Lernleistungen mit denen Jüngerer vergleichbar.
- Älteren fehlen häufig notwendige Lerntechniken (Kodierungsschwäche). Bei Anwendung dieser Lerntechniken kann das entstandene Lerndefizit ausgeglichen werden.
- Zu schnelle Darbietung des Lernstoffes hindert Ältere stärker als Jüngere und sie benötigen ein Lernklima ohne Zeitdruck.
- Bei Älteren ist ein Übungsgewinn durch Wiederholung einzelner Aufgaben vergleichbar mit Jüngeren. Da bei Jüngeren meistens eine größere Ausgangsbasis infolge vorangegangener Bildungsmaßnahmen besteht, sie also im Erwerb neuer Sachverhalte geübter sind, brauchen Ältere mehr Wiederholungen, um auf denselben Stand zu kommen.
- Schlechtere Lernerfolge Älterer resultieren oftmals aus Unsicherheiten.
- Älteren fällt das Lernen leichter, wenn der Lernstoff übersichtlich und ohne hohe Komplexität aufgebaut ist.
- Der Lernprozess Älterer ist störanfälliger als bei Jüngeren. Pausen bewirken eine Verschlechterung der Lernleistung Älterer.
- Ganzheitliches Lernen führt zu höheren Lernerfolgen Älterer.
- Für einen positiven Lernerfolg ist weniger der Faktor Alter als der Faktor Begabung ausschlaggebend.
- Das Maß an Trainings und Übung (z.B. durch berufliche Bildung) während des gesamten Erwachsenenalters beeinflusst den Lernerfolg im hohen Erwachsenenalter.
- Motivationale Faktoren (innere Bereitschaft, Lerninhalte aufzunehmen und zu speichern) und der Gesundheitszustand sind maßgeblich für den Lernerfolg Älterer (vgl. Lehr; Thomae 2000, S. 93).

- Das Lerntempo Älterer sinkt im Vergleich zu den Jüngeren. Dieses Defizit kompensieren Ältere durch die Verbindung des Erlernten mit praktischen Erfahrungen sowie eine stringente Systematik des Lernens.

Lernen bedarf Übung. Leider werden Ältere vonseiten der Personalverantwortlichen häufig von betrieblichen Qualifizierungs- und Entwicklungsmaßnahmen ausgeschlossen. Eine Vielzahl der aufgeführten Defizite Älterer basieren daher auf diesem Zusammenhang und weniger auf dem Abbau der kognitiven Leistungsfähigkeit während des Alterungsprozesses (vgl. Flato; Reinbold-Scheible 2008, S. 139)

4.2.5 Plastizität kognitiver Fähigkeiten

Laut einer Studie von Carmelli (1997) hat körperliche Aktivität einen maßgeblichen positiven Effekt auf die Entwicklung der kognitiven Leistungsfähigkeit. Nach Spirduso (1982) lässt sich dieser Zusammenhang damit erklären, dass Bewegung den Stoffwechsel und Kreislauf anregt und dadurch das neuronale Gewebe vor Schädigungen schützt. Verstärkte körperliche Aktivität kann eine Optimierung der Gedächtnisleistung von bis zu 35 % bewirken (vgl. Kruse 2009, S. 833).

Im wissenschaftlichen Diskurs ist überwiegend die Annahme verbreitet, dass die Kontinuität und Entwicklung kognitiver Leistungsfähigkeit im Alter von der Quantität sowie Qualität der Erfahrungen und Fertigkeiten, die der Einzelne in seinem individuellen, sozialen und beruflichen Kontext erworben hat, abhängig ist. Die intellektuelle Leistungsfähigkeit kann gefördert werden bzw. ein Abbau verlangsamt werden, wenn die Planung der entsprechenden Trainingsprogramme die individuellen Voraussetzungen der Teilnehmer einbezieht und subjektiv empfundene Belastungen und Überforderungen ausschließt.

Auch fehlende Erfahrungen (z.B. Alltags- und Berufskenntnisse) können durch geeignete Trainingsprogramme erworben werden. Dieses wird allgemein als Plastizität geistiger Fähigkeiten bezeichnet (vgl. Weinert 1992, S. 194). Plastizität ist das latente kognitive Potenzial, d.h. die Differenz zwischen dem momentanen Leistungsniveau und dem maximal möglichen Niveau (vgl. Martin; Kliegel 2010, S. 220).

4.2.6 Veränderung der beruflichen Leistungsfähigkeit und Potenziale im Alter

Allgemein kann gesagt werden, dass mit einem zunehmenden kalendarischen Lebensalter die berufliche Leistungsfähigkeit bzw. Lernfähigkeit nicht generell absinkt. Eher wandeln sich Einzelkomponenten des physischen und psychischen Leistungsvermögens. Funktionale Fähigkeiten bauen ab, wie Muskelkraft, Beweglichkeit, physische sowie psychische Belastbarkeit, Wahrnehmungsvermögen, Umstellungsfähigkeit, Geschwindigkeit der Informationsaufnahme und -verarbeitung, Reaktionsvermögen, Kurzzeitgedächtnis Lern- und Aufnahmebereitschaft lassen nach. Andere kognitive Fähigkeiten wie Aufmerksamkeit, Langzeitgedächtnis, Konzentrations- und Merkfähigkeit bleiben konstant. Den Verlusten stehen die Gewinne des Alters gegenüber. Ältere Arbeitnehmer verfügen häufig über eine Zunahme von Fähigkeiten wie Geübtheit, Genauigkeit, Erfahrung, Urteilsvermögen, Zuverlässigkeit, Verantwortungsbewusstsein oder umfassende Kenntnisse der betrieblichen Zusammenhänge (vgl. Bäcker u.a. 2010, S. 495).

5. Betriebliche Weiterbildung älterer Arbeitnehmer

5.1 Begriff „Weiterbildung"

Der Bereich Weiterbildung ist ein selbstständiger und bedeutender Teil des Bildungssystems der BRD, welcher insbesondere nach dem zweiten Weltkrieg wuchs. Dieser wird auch als quartärer Sektor bzw. vierte Säule des Bildungssystems bezeichnet (vgl. Faulstich 2008, S. 647). Der Begriff „Weiterbildung" bezeichnet internationale Bildungsaktivitäten sowie die „Fortsetzung oder Wiederaufnahme organisierten Lernens nach Abschluss einer unterschiedlich ausgedehnten ersten Bildungsphase" (vgl. Deutscher Bildungsrat zit. nach Gillen u.a. 2010, S 12). Weiterbildung bezweckt eine persönliche oder berufliche Weiterentwicklung der Adressaten. Sie dient dem sog. lebenslangen Lernen, welches die selbstständige Aneignung von Wissen und Kompetenzen über die gesamte Lebensphase meint (vgl. Faulstich 2008, S. 647 ff.). Kennzeichnend dafür ist, dass neue Erfahrungen gemacht und verarbeitet werden, neue Fertigkeiten erworben und neue Situationen sowie Probleme bewältigt werden (vgl. Hof 2009, S. 15). Lebenslanges Lernen meint einen kumulativen sowie diskontinuierlichen Prozess (vgl. Tippelt 2010, S. 48). Weiterbildung wird in fremdorganisierter und selbstorganisierter (auch selbstbestimmter, selbstgesteuerter) Form erbracht. Der Begriff „Weiterbildung" ist nicht eindeutig definiert. Eine Abgrenzung zu anderen Bildungssektoren ist oftmals schwer, bspw. bei Umschulungen, die als Ausbildung wie als Weiterbildung verstanden werden (vgl. Gahns 2010, S. 18, a).

Im Jahre 2010 haben 42 % der Personen im Alter von 18 bis 64 Jahren jährlich an Weiterbildungen teilgenommen. Weiterbildungsaktivitäten sind stark abhängig von der Vorbildung. So verfügten 63 % der Teilnehmer über einen Hoch- bzw. Fachhochschulabschluss. Die Teilnehmerquote der Personen im Alter von 55 bis 59 Jahren lag 2010 bei 40 % und der Personen im Alter von 60 bis 64 Jahren bei 27 %. Damit liegen die Quoten weit unter der von Personen im Alter von 45 bis 49 Jahren, welcher 49 % betrug (vgl. Bilger; von Rosenblatt 2011, S. 13 f).

Es wird nach allgemeiner und beruflicher Weiterbildung unterschieden. Zu allgemeiner Weiterbildung zählen Aktivitäten der politischen, kulturellen, gesellschaftlichen und wissenschaftlichen Bildung (z.B. Sprachkurse bei den Volkshochschulen). Der Oberbegriff „berufliche Weiterbildung" umfasst die Bereiche der „wissenschaftlichen Weiterbildung" sowie „betrieblichen Weiterbildung". Berufliche Weiterbildung beinhaltet Maßnahmen, die durch den Betrieb aber auch durch den Einzelnen initiiert werden. Berufliche Weiterbildungsmaßnahmen bezwecken die Kompetenzentwicklung bzw. Entwicklung einer umfassenden beruflichen Handlungsfähigkeit von Erwerbspersonen. Zu Maßnahmen der beruflichen Weiterbildung zählen z.B. auch Umschulungen, die durch die Bundesagentur für Arbeit getragen werden, und von einzelnen Personen und nicht vom Betrieb nachgefragt werden. Betriebliche Weiterbildungsmaßnahmen zielen auf unmittelbar abrufbare, verwendungs- sowie bedarfsorientierte Qualifizierung und Anpassung der Qualifikationen der Arbeitnehmer an betriebliche Notwendigkeiten (vgl. Gillen u.a. 2010, S. 11 ff.). Betriebliche Weiterbildung wird vollständig durch den Arbeitgeber eingeleitet und überwiegend durch diesen finanziert (vgl. Kauffeld 2010, S. 3). Die Erläuterungen des Kapitels Betriebliche Weiterbildung beziehen sich ausschließlich auf die Maßnahmen der betrieblichen Weiterbildung und nicht auf die berufliche bzw. berufsbezogene Weiterbildung. Da die betriebliche Weiterbildung ein Bestandteil der beruflichen Weiterbildung ist, existieren zwar zahlreiche anerkannte empirische Erhebungen zu dem Bereich der beruflichen Weiterbildung, aber keine explizite zu dem Feld der betrieblichen Weiterbildung. Im Folgenden werden überwiegend die Ergebnisse der Dritten Europäische Erhebung über die berufliche Weiterbildung in Unternehmen (CVTS3) des Statistischen Bundesamtes zitiert, denn die Eingrenzung der befragten weiterbildenden Unternehmen kommt der Definition von betrieblicher Weiterbildung am nächsten. Laut der Untersuchung wurden betriebliche Weiterbildungsmaßnahmen in Unternehmen erfasst, die vollständig oder teilweise von den Betrieben finanziert wurden und keine geförderten Bildungsmaßnahmen der Bundesagentur für Arbeit (BA) waren (vgl. Statistisches Bundesamt 2008, S. 12). Dabei wurden beinahe sämtliche Wirtschaftsbranchen der BRD einbezogen.

5.1.1 Rechtliche Rahmenbedingungen

Das Weiterbildungsrecht ist besonders komplex und unübersichtlich. Dabei steht (betriebliche) Weiterbildung im Kontext des Bildungsrechtes, wie auch des Arbeits-, Wirtschafts- und Sozialrechtes. Das Weiterbildungsrecht ist aufgrund der bundesstaatlichen Ordnung (Föderalismus) und grundgesetzlicher Regelungen in Bundes- und Länderrecht aufgeteilt. Internationales und europäisches Recht fließen ebenso ein.

Derzeit besteht kein einheitliches Weiterbildungsrecht, welches die Fragen bezüglich Organisation, Institutionen, Finanzierung, Angebote, Teilnehmer, Curriculum, Personal oder Qualitätszertifizierung regelt. Vorgaben für diese Bereiche ergeben sich aus einzelnen Gesetzen, Verordnungen und Satzungen. Auf bundesrechtlicher Ebene ergibt sich Weiterbildungsrecht vor allem durch das Berufsbildungsgesetz (BBiG), die Sozialgesetzbücher (SGB I, II, III, IX), das Fernunterrichtsschutzgesetz (FernUSG), das Hochschulrahmengesetz (HRG), der Handwerksordnung (HwO), das Aufstiegsfortbildungsförderungsgesetz (AFBG) und das Allgemeine Gleichbehandlungsgesetz (AGG). Landesrechtlich sind die Erwachsenenbildungsgesetze und Bildungsfreistellungsgesetze (Bildungsurlaub) relevant (vgl. Grotlüschen u.a. 2009, S. 347 ff.). Alle Gesetze gelten insbesondere für den Bereich der beruflichen Weiterbildung bzw. für die betriebliche Weiterbildung.

5.2 Betriebliche Weiterbildung

Unter den Weiterbildungsformen dominiert die betriebliche Weiterbildung. Im Jahr 2010 entfiel mit 60 % der größte Anteil der Teilnehmerquote sämtlicher Weiterbildungsaktivitäten auf die berufliche Weiterbildung. 46 % aller Erwerbstätigen nahmen an einer betrieblichen Weiterbildung und 13 % an einer individuell berufsbezogenen Maßnahme teil (vgl. Bilger; von Rosenbladt 2011, S. 5 f.). Im Jahre 2006 wurden 41,3 % aller Weiterbildungsaktivitäten von den Arbeitgebern finanziert (vgl. Deutsches Institut für Erwachsenenbildung 2008, S. 100).

Betriebliche Weiterbildung ist ein wesentlicher Bestandteil von Personalentwicklung in Unternehmen. Der Begriff „Personalentwicklung" ist im wissenschaftlichen Diskurs nicht eindeutig definiert. Mentzel versteht unter dem Begriff die „systematische Förderung und Weiterbildung" von Mitarbeitern (vgl. Mentzel zit. nach Bartcher 2008, S. 4). Erworbene Fähigkeiten aus der ersten Berufsausbildung sind heute immer weniger ausreichend für die Gestaltung einer jahrzehntelangen Erwerbstätigkeit. Betriebliche Weiterbildung ist ein wesentlicher Bestandteil einer Strategie zur Befriedigung der Qualifikationsnachfrage von Unternehmen und zielt im Sinne des lebenslangen Lernens auf die stetige Anpassung an wandelnde gesellschaftliche und technologische Bedingungen auf dem Arbeitsmarkt unserer Informations- und Wissensgesellschaft ab. Betriebliche Weiterbildung dient vorrangig dem Erhalt der Wettbewerbsfähigkeit, der Bewältigung des technisch-organisatorischen Wandels und der Gewährleistung von notwendigen Innovationen und Produktivitätssteigerungen. Ebenso ist betriebliche Weiterbildung aus der Perspektive der Arbeitnehmer bedeutend, denn diese ermöglicht eine den eigenen Vorstellungen entsprechende Berufsbiographie sowie ein entsprechendes Einkommen. In den meisten, vor allem bildungsintensiven Berufsfeldern wird heute die Weiterbildungsbereitschaft der Mitarbeiter vorausgesetzt (vgl. Stegmaier 2010, S. 40; vgl. Arnold; Pätzold 2009, S. 654)

Der Begriff „Weiterbildung wie auch „betriebliche Weiterbildung" ist nicht eindeutig definiert. Unter den Bereich der betrieblichen Weiterbildung fallen allgemein sämtliche Maßnahmen zur Fortsetzung, Erweiterung, Vertiefung oder Anpassung der beruflichen Ausbildung. Betriebliche Weiterbildung kann einen Nachmittag, eine

Woche, mehrere Monate oder Jahre beanspruchen. Bildungsaktivitäten können in formalen, nicht-formalen und informellen Lernprozessen stattfinden (vgl. Kauffeld 2010, S. 3 f.).

Trotz des seit 2007 aus der Wirtschafts- bzw. Finanzkrise resultierenden Bedarfes an betrieblicher Weiterbildung stagniert dieser Bereich und ist teilweise auch rückläufig. Im Jahre 2005 boten weniger Unternehmen ihren Beschäftigten betriebliche Weiterbildung an als noch im Jahre 1999. Unternehmen, die bereits weiterbildungsaktiv waren, bezogen mehr Mitarbeiter in ihre Qualifizierungsmaßnahmen ein und stellten mehr Lernzeit zur Verfügung. Dennoch investierten die Arbeitgeber nominal weniger in die Qualifizierung ihrer Beschäftigten. Im europäischen Vergleich liegt die BRD im Mittelfeld und im Vergleich zu anderen europäischen Ländern, die eine ähnliche sozio-ökonomische Struktur aufweisen, liegt Deutschland sogar hinter den nord- und westeuropäischen Ländern (vgl. Azeez u.a. 2009, S. 1 f.; vgl. Gnahs 2010, S. 11 f., b).

Die folgende Abbildung zeigt das betriebliche Weiterbildungsangebot von Unternehmen bezogen auf die Beschäftigtenanzahl.

Abbildung 5: Weiterbildungsangebot in Unternehmen in %, Stand: 2005

Beschäftigte in Unternehmen	mit Weiterbildung	ohne Weiterbildung
10 bis 19	60,5	39,5
20 bis 49	71,1	28,9
50 bis 249	80,8	19,2
250 bis 499	82,2	17,8
500 bis 999	89,3	10,7
1000 und mehr	96,9	3,1
Gesamt	**69,5**	**30,5**

Quelle: Statistisches Bundesamt 2007, S. 15

Die Abbildung zeigt, dass mit wachsender Mitarbeiterzahl von Unternehmen die Weiterbildungsaktivitäten steigen.

5.2.1 Lernformen

Zu den Maßnahmen betrieblicher Weiterbildung zählen:

- Teilnahme an Lehrveranstaltungen wie Seminaren, Schulungen, Fortbildungen (Anpassungs- und Aufstiegsfortbildungen), Kursen, Lehrgängen, Qualifizierungs- und Trainingsprogrammen,
- geplante Phasen der Weiterbildung am Arbeitsplatz wie Unterweisung durch Vorgesetzte, Spezialisten oder Kollegen sowie Lernen durch Arbeitsmittel und Medien,
- planmäßige Weiterbildung außerhalb des Arbeitsplatzes durch Jobrotation und Austauschprogramme mit anderen Unternehmen. Dieses beinhaltet auch die Teilnahme an Fachvorträgen, Fachtagungen, Kongressen, Symposien, Kolloquien, Fachmessen, Erfahrungsaustauschkreisen und sonstigen Informationsveranstaltungen,
- Teilnahme an Lern- und Qualitätszirkeln,
- Selbstgesteuertes bzw. -organisiertes Lernen durch Fernunterricht, audiovisuelle Hilfen wie Videos, computergestütztes Lernen und Internet.

Lernförderliches Arbeiten im Unternehmen wird vor allem durch die Kombination von den Lernformen interne und externe Lehrveranstaltungen sowie arbeitsplatzintegrierte, arbeitsplatznahe Formen des Lernens ermöglicht. In allen Lernformen sind personelle Kompetenzen, Fach-, Methoden- und Sozialkompetenzen erforderlich. Laut einer empirischen Untersuchung des Bundesinstituts für Berufsbildung (BIBB) ist bei den befragten Unternehmen mit 10 und mehr Mitarbeitern die interne Lernveranstaltung mit über 60 % im Jahre 2008 die am häufigsten angebotene betriebliche Weiterbildungsform für Fachkräfte. Für un- und angelernte Kräfte ist diese die Unterweisung und Einarbeitung am Arbeitsplatz (vgl. Azeez u.a. 2009, S. 4 ff.).

Die folgenden Erläuterungen stellen die wichtigsten Lernformen detailliert vor:

- **Lehrveranstaltungen** finden räumlich getrennt vom Arbeitsplatz statt wie in einem Unterrichts- oder Schulungszentrum. Die Teilnehmer werden in einem vorab von den Organisatoren festgelegten Zeitraum vom Weiterbildungspersonal unterrichtet.

- **Interne Lehrveranstaltungen** sind Maßnahmen, bei denen die Verantwortung für Ziele, Inhalte und Organisation beim Unternehmen selbst liegt und an denen ausschließlich bzw. überwiegend Beschäftigte des Unternehmens teilnehmen. Der Veranstaltungsort kann sich innerhalb (z.B. in Seminarhotels, externen Bildungsstätten) oder außerhalb des Unternehmens befinden. Referenten können Beschäftigte des Unternehmens, aber auch externe Dozenten sein.

- **Externe Lehrveranstaltungen** sind Maßnahmen, welche von externen Trägern auf dem freien Markt angeboten werden. Die Verantwortung für die Konzeption, Organisation und Durchführung liegt im Wesentlichen bei dem externen Träger. Der Veranstaltungsort liegt häufig außerhalb der Unternehmensgebäude, er kann aber auch in unternehmenseigenen Räumen liegen.

- **Jobrotation** kann sich innerhalb des Unternehmens sowie innerhalb anderer Unternehmen vollziehen. Dabei wechseln einzelne Mitarbeiter während einer Zeitspanne zwischen einzelnen Bereichen und Abteilungen in den Unternehmen. Die Maßnahme dient vornehmlich der Orientierung für den Mitarbeiter und zur Vorbereitung auf Führungsaufgaben.

- **Lernzirkel** sind Gruppen von Mitarbeitern, die regelmäßig zusammenfinden, um sich hinsichtlich der Anforderungen der Arbeitsorganisation, der Arbeitsverfahren und des Arbeitsplatzes weiterzubilden.

- **Qualitätszirkel** sind Arbeitsgruppen, welche durch Diskussionen Probleme lösen, die mit dem Arbeitsplatz oder den vom Unternehmen erbrachten Leistungen zusammenhängen.

- Es wird zwischen **geplanten Phasen der Weiterbildung am Arbeitsplatz bzw. in der Arbeitsumgebung** und **planmäßiger Weiterbildung außerhalb des Arbeitsplatzes oder der Arbeitsumgebung** differenziert (vgl. Kals; Gallenmüller-Roschmann 2011, S. 223; vgl. Statistisches Bundesamt 2008, S. 12 f.).

- **Selbstgesteuertes bzw. -organisiertes Lernen** sind Maßnahmen, bei denen der Teilnehmer maßgeblich die Lernsituation beeinflusst. Es ist eine konstruktive Verarbeitung von Informationen, Eindrücken und Erfahrungen, über deren Ziele, Inhalte, Wege und äußere Gegebenheiten die Lernenden meistens selbstständig entscheiden. Im Gegensatz zu den bislang aufgeführten Maßnahmen findet selbstgesteuertes bzw. -organisiertes Lernen daher nicht in fremdorganisierter sondern in selbstorganisierter Form statt (vgl. http://www.kmk.org/fileadmin/veroeffentlichungen_beschluesse/2000/2000_04_14_Selbstgesteuertes_Lernen.pdf, eingesehen am 12.03.2012).

Die nachstehende Abbildung zeigt den Umfang der betrieblichen Weiterbildungsmaßnahmen der Unternehmen.

Abbildung 6: Lernformen der betrieblichen Weiterbildung in Unternehmen in %, Stand: 2005

Beschäftigten-zahl der Unternehmen	interne Lehr-veranstaltungen	externe Lehr-veranstaltungen	andere Lernformen (z.B. Jobrotation, Teilnahme an Lern- und Qualitätszirkeln)
10 bis 19	29,0	39,6	57,5
20 bis 49	38,2	50,1	66,5
50 bis 249	51,9	59,6	77,7
250 bis 499	63,6	64,7	76,5
500 bis 999	76,9	77,2	88,8
1000 und mehr	94,6	89,2	94,8
Gesamt	**39,0**	**48,8**	**65,9**

Quelle: Statistisches Bundesamt 2007, S. 16

5.2.2 Träger

In der BRD existiert ein Anbieterpluralismus der Weiterbildungsträger mit einer heterogenen und vielschichtigen Anbieterlandschaft. Träger sind die Betriebe selbst wie auch öffentlich-rechtliche, private und kirchliche Anbieter. Dazu gehören z.B. Volkshochschulen, Gewerkschaften, Parteien, Berufsgenossenschaften, Kirchen, Nichtregierungsorganisationen (NGO`s), Stiftungen, Fachschulen, Hochschulen, Fernlehrinstitute, Einrichtungen der Wirtschaft (Betriebe und Kammer) (vgl. Dollhausen 2010, S. 45 ff.). Arbeitgeber und Weiterbildungsanbieter kooperieren häufig miteinander. Dabei geben Arbeitgeber Anregungen für spezifische Kurse und Programme. Häufig werden von Dozenten und Bildungseinrichtungen speziell für Arbeitgeber zugeschnittene Veranstaltungen angeboten.

Die Arbeit von Weiterbildungsträgern aus den Bereichen der allgemeine und beruflichen Weiterbildung unterliegt häufig einem Qualitätsmanagement nach einer Normenfestlegung der International Organization for Standardization (ISO-Zertifizierung). Bspw. die Volkshochschulen oder Weiterbildungsträger, welche durch öffentliche Institutionen (wie Jobcenter) gefördert werden (vgl. http://www.vhs-bochum.net/index.php5?section=home, eingesehen am 13.03.2012; vgl. http://www.eso.de/eso/qualitaet/, eingesehen am 13.03.2012). Da die betriebliche Weiterbildung ein Instrument der bedarfsorientierten Qualifizierung darstellt, greift der Staat in die Bildungsziele und - methoden nicht regulierend ein. Hinzu kommen betriebswirtschaftliche Aspekte der Effizienz der Maßnahmen. Betriebliche Weiterbildung wird dabei oftmals durch private Qualifizierungsanbieter organisiert, die Lernzentren mit vielfältigen Aufgaben von der Bedarfsermittlung über die Bildungsberatung bis zur Transfersicherung wahrnehmen. Aufgrund der fehlenden öffentlichen Kontrolle ist betriebliche Weiterbildung für die Nachfragerseite intransparent und gering strukturiert (vgl. Faulstich 2008 S. 658 ff.; vgl. Gillen u.a. 2010, S. 15).

5.2.3 Teilnehmerstrukturen

Die folgende Abbildung zeigt die Teilnahme an betrieblicher Weiterbildung nach Alter am Bespiel von Lehrveranstaltungen.

Abbildung 7: Teilnahmequoten an Lehrveranstaltungen in Unternehmen nach Alter in %, Stand: 2005

Beschäftigte in Unternehmen	unter 25 Jahre	25 – 54 Jahre	55 Jahre und älter
10 bis 19	22,1	26,1	13,1
20 bis 49	19,3	27,3	13,0
50 bis 249	25,4	29,4	16,1
250 bis 499	28,3	33,8	20,0
500 bis 999	28,0	32,2	21,0
1000 und mehr	24,9	35,7	26,8
Gesamt	**24,7**	**32,4**	**20,7**

Quelle: Statistisches Bundesamt 2007, S. 30

Allgemein gilt, dass jüngere Arbeitnehmer häufiger an betrieblicher Weiterbildung teilnehmen als ältere Arbeitnehmer (vgl. Bilger; von Rosenblatt 2011, S. 33).

5.2.4 Einflussfaktoren und Barrieren für die Beteiligung älterer Arbeitnehmer

Im Kapitel 4.6 zu den Alterstheorien konnte gezeigt werden, dass ältere Menschen häufig ihre Fähigkeiten und ihre Person im Rahmen ihrer Umwelt einbringen und am sozialen Leben teilhaben wollen. Dennoch weisen Ältere geringere Teilnahmequoten an betrieblicher Weiterbildung auf als Jüngere. Daher werden im Folgendem die Ursachen dafür untersucht. Einige Ursachen wurden bereits im Kapitel 3.7.4 über die Auswirkungen negativer Altersbilder benannt. Da für die Teilnahmebereitschaft an betrieblicher Weiterbildung keine explizite Literatur vorhanden ist, beziehen sich die nachstehenden Erläuterungen oftmals allgemein auf den Bereich der Weiterbildung.

Zunächst ist zu bedenken, dass betriebliche Weiterbildung lediglich Erwerbstätigen offen steht. Gerade unter den Personen ab 60 Jahren sind die Erwerbsquoten rückläufig und sie sind im Vergleich zu den jüngeren Altersgruppen stärker von Langzeitarbeitslosigkeit betroffen. Die nachstehende Abbildung verdeutlicht dieses:

Abbildung 8: Erwerbsbeteiligung nach Altersgruppen, Stand: 2009

Altersgruppe	Erwerbsquoten in %
15 bis 19	31,5
20 bis 24	71,0
25 bis 29	82,2
30 bis 34	86,1
35 bis 39	87,9
40 bis 44	89,7
45 bis 49	89,0
50 bis 54	85,4
55 bis 59	76,1
60 bis 64	41,5
65 bis 69	8,2
70 bis 74	3,5
75 und älter	1,1

Quelle: Statistisches Bundesamt 2011, S. 102

Frühere Bildungs- und Sozialisationserfahrungen prägen die Bereitschaft zur Teilnahme an Weiterbildungsmaßnahmen. Im Jahre 2010 verfügten 63 % der Personen, die an beruflicher Weiterbildung teilnahmen, über einen Fach- oder Hochschulabschluss (vgl. Bilger; von Rosenbladt 2011, S. 29). Anfang der 70er Jahren, als die heute Älteren ihren Bildungsweg begannen, war die Zahl der Absolventen an Fach- und Hochschulen wesentlich geringer, als dieses heute der Fall ist. In den 70er Jahre lag der Anteil der Hochschulabsolventen in den alten Bundesländern bei 62000. Die Absolventenzahlen haben seit Anfang der 90er Jahre stetig zugenommen und sich seit den 70er Jahren beinahe verdreifacht. Ein ähnlicher Zusammenhang gilt für die Schulabschlüsse und Abiturientenzahlen (Mayer 2008, S. 607 f.). Die Erfahrungen der schulischen Vergangenheit sind prägend für spätere Bildungsbemühungen (vgl. Faulstich 2008, S. 673).

Die Bildungsbeteiligung älterer Arbeitnehmer wird jedoch nicht nur von deren Bildungsstand beeinflusst (vgl. Tippelt u.a. 2009, S. 38). Ältere zeigen häufig motivationale Lernschwierigkeiten, denn die Sinnhaftigkeit der Lernanstrengungen wird dabei unterschätzt. Häufig sehen Ältere keinen Bedarf an Weiterbildung in ihrem

Beruf oder sehen in gesundheitlichen Schwierigkeiten ein Hindernis für die Teilnahme an Weiterbildung. Viele Ältere bereiten sich auf ihre nachberufliche Phase
vor und sehen für sich keine Entwicklungs- und Aufstiegschancen durch die Teilnahme an betrieblicher Weiterbildung. Im Rahmen einer repräsentativen Erhebung
des Projektes Weiterbildungsverhalten und -interessen Älterer (EdAge) wurden
zwischen 2006 und 2008 Teilnahmebarrieren der 45 bis 80-Jährigen untersucht (vgl.
http://www.die-bonn.de/Institut/Wir-ueber-uns/Presse/Presseartikel.aspx?id=191,
eingesehen am 10.04.2012). Von den 3530 Probanden wurden folgende Aussagen
getroffen:

**Abbildung 9: Wichtigste Barrieren für die Teilnahme an Weiterbildung,
Stand: 2006 bis 2008**

Barrieren für Weiterbildungsbeteiligung	Anteilswerte in %
Privat kein Bedarf an (Weiter)bildung	22
Lohnt sich in meinem Alter nicht mehr	17
Gesundheit erlaubt es nicht	8
Andere Gründe	27

Quelle: Tippelt/Schmidt/Kuvan 2009, S. 44

Diese Barrieren beeinflussen das Bildungsverhalten Älterer, da das generelle Bil-
dungsinteresse und die allgemeine Bildungsbereitschaft dadurch sinken.

In den vergangen Kapiteln wurden die Veränderungen der sensorischen sowie kognitiven Fähigkeiten während des Alterns beschrieben. Dieses führt häufig dazu, dass
Ältere ein anderes Lerntempo haben und andere Bedürfnisse an den Lernprozess
stellen als jüngere Teilnehmer der Weiterbildungsmaßnahmen. Werden diese Gegebenheiten nicht in die Konzeption von Weiterbildungen einbezogen, ist dieses häufig
demotivierend für ältere Teilnehmer und behindert die Teilnahmebereitschaft an
betrieblicher Weiterbildung (vgl. Tippelt u.a. 2009, S. 32 ff.).

Weiterhin sind allgemeine Barrieren für die Teilnahmebereitschaft, dass Weiterbil-
dungsaktivitäten eine geringe Verwendbarkeit, Anrechnung und Honorierung am
Arbeitsplatz erfahren und die Lerninhalte keine Qualifizierung für die ausgeübte
Tätigkeit darstellen (vgl. Faulstich 2008, S. 673).

7.2.5 Altersgerechte Gestaltung

In den vorangegangenen Kapiteln wurden Erkenntnisse zum Lernverhalten Älterer sowie Teilnahmebarrieren erörtert. Nachstehend werden Bedingungen dargestellt, welche sich positiv auf den Lernerfolg älterer Menschen auswirken.

- Bei Trainingsmaßnahmen sollten vertraute Materialien aus dem Alltag genutzt werden.
- Ältere sollten das Lerntempo selbstständig vorgeben können.
- Das Lernmaterial sollte an die veränderten sensorischen Fähigkeiten Älterer angeglichen werden wie die Schriftgröße, Kontraste und Beleuchtung.
- Älteren sollte zwecks eines besseren Überblicks die Gelegenheit gegeben werden, sich mit der Lernsituation und dem Lernmaterial intensiver zu beschäftigen.
- Instruktionen während des Lernprozesses sollten konkret sowie eindeutig formuliert sein.
- Der Lernprozess sollte störungsfrei ablaufen.
- Das Lernen sollte nach den individuellen Bedürfnissen und Stärken Älterer ausgerichtet sein (vgl. Martin; Kliegel 2010, S. 228).

Der Lernprozess für Ältere sollte eher durch traditionelle Medien begleitet werden, als durch neue Medien wie dem E-Learning (elektronisches Lernen) am PC. Ebenso sind informelle sowie selbstgesteuerte Lernformen für ältere Arbeitnehmer geeigneter als formelle Formen (z.B. organisierte Kurse). Weiterhin ist es für Ältere bedeutsam ihre Erfahrungen und ihr Wissen weitergeben zu können und als Wissensträger Wertschätzung zu erfahren.

Zu den günstigen Weiterbildungsformen für Ältere zählen das Lernen während des Arbeitsprozesses, selbstgesteuertes Lernen durch bspw. die Verarbeitung von Fachliteratur, Erfahrungsaustausch bei Fachkongressen oder Jobrotationsmaßnahmen (vgl. Flato; Reinbold-Scheible 2008, S. 139 f.).

6. Fazit

Der demographische Wandel bedingt bereits heute einen Rückgang an Fachkräften und eine Zunahme von älteren Erwerbspersonen. Diese Entwicklung wird sich künftig noch verstärken und setzt die Unternehmen zunehmend unter Handlungs-druck hinsichtlich der Einbeziehung älterer Arbeitnehmer, um auch weiterhin ihre Produktivität und Wettbewerbsfähigkeit sichern zu können. Da die Ausbildungen älterer Arbeitnehmer oftmals länger zurück liegen und daher ihr Kenntnisstand häufig veraltet ist, kommt dem Bereich der betrieblichen Weiterbildung eine zentrale Rolle bei der Einbeziehung älterer Mitarbeiter zu, denn diese ermöglicht die Anpas-sung von Qualifikationen an die sich fortwährend wandelnden Anforderungen unse-rer Wissensgesellschaft.

Die Theorien zum Alter(n) bieten eine Orientierung und Diskussionsgrundlage für die Entwicklung von Menschen während des Alterungsprozesses. Aufgrund des generalistischen Anspruches jeder Theorie sind diese eher ungeeignet, um Alterung umfassend zu erklären. Alterstheorien können die Vielschichtigkeit des Alterungs-prozesses nicht vollständig erfassen. Es ist ersichtlich, dass Menschen aufgrund der Individualität ihrer Persönlichkeitsmerkmale sowie ihrer biologischen, biographi-schen und sozialen Ressourcen höchst unterschiedlich altern. Ausgelassen wird in den Theorien des erfolgreichen Alterns, dass nicht jeder Mensch die Möglichkeit hat, seine sozialen Netzwerke bis zum Tod zu pflegen, zu intensivieren oder zu erneuern. Ursachen dafür können in mangelnder Mobilität oder fehlenden finanziellen Mög-lichkeiten zur Freizeitgestaltung mit anderen Menschen liegen. Aber auch persönli-che Faktoren spielen eine erhebliche Rolle (vgl. Tesch-Römer 2010, S. 215). Die Alterstheorien haben aber gezeigt, dass Ältere eher ein starkes Bedürfnis an der Partizipation am gesellschaftlichen Leben und der Einbringung ihrer Fähigkeiten haben, als nach einem Rückzug. Ebenso wichtig waren die Erläuterungen zu Alters-bildern. Menschen mit einem positiven individuellen Altersbild, welche den Alte-rungsprozess nicht mit Verlust, sondern mit einem Prozess der Weiterentwicklung in Verbindung bringen, neigen in stärkerem Maße zu einem gesundheitsförderlichen Lebensstil und dem Erhalt ihrer Leistungsfähigkeit als Menschen mit einem negati-ven Altersbild. Aber auch auf der kollektiven Ebene sind Altersbilder entscheidend für die Motivation der Mitarbeiter. Ältere, die Altersdiskriminierung innerhalb ihres Arbeitsumfeldes vermuten, weisen eine geringere Arbeitszufriedenheit, eine höhere Distanz zu ihrer Tätigkeit, ein geringeres Selbstwertgefühl und eine negativere Beurteilung ihrer Karrierechancen auf. Das hat selbstverständlich Auswirkungen auf die Weiterbildungsbereitschaft bzw. -beteiligung von Älteren.

Die Ausführungen konnten zeigen, dass Ältere vor allem von einem Abbau körperlicher Fähigkeiten betroffen sind. Bei einigen Fähigkeiten beginnt der Abbau bereits ab dem 30. Lebensjahr. Es ist eindeutig, dass Altern ein mehrdimensionaler Prozess ist (vgl. Kruse 2009, S. 827). Bezüglich der Entwicklung der kognitiven Fähigkeiten (insbesondere bei der Intelligenz) herrscht innerhalb der wissenschaftlichen Debatte Uneinigkeit. Laut Weinert hat der verstärkte Blick auf die kristallinen Fähigkeiten in der Forschung häufig zu einer Leugnung oder Verharmlosung des Abbaus kognitiver Fähigkeiten im Alter geführt, obwohl anerkannte Längsschnittsstudien sehr wohl Verluste in der Informationsverarbeitung Älterer belegen. Insbesondere bei der Verarbeitung mehrerer Informationen unter Zeitdruck oder bei einem flexiblen Zugriff auf größere Mengen abgespeicherten Wissens und deren Transformation zeigen Ältere Schwächen (vgl. Weinert 1992, S. 195). Im wissenschaftlichen Diskurs herrscht keine Einigkeit darüber ab welchem Lebensalter die geistige Leistungsfähigkeit von Menschen sinkt. Die meisten Wissenschaftler gehen davon aus, dass die kognitiven Fähigkeiten ab dem 60. Lebensalter sinken. Dennoch ist Lernen auch noch im hohen Erwachsenenalter möglich, allerdings verändert sich häufig das Lernverhalten. Daher müssen Lernprozesse an die gewandelten Bedürfnisse Älterer angepasst werden (vgl. Hof 2009, S. 102 ff.). Durch geeignete Trainingsmaßnahmen für Ältere ist es möglich, dass ältere Menschen in vielen Bereichen ein Leistungsniveau der kognitiven Fähigkeiten erreichen, welches mit Jüngeren vergleichbar ist. Dieses ist jedoch mit einem höheren Zeit- und Lernaufwand verbunden.

Ältere Arbeitnehmer (55+) weisen eine deutlich geringere Weiterbildungsbeteiligung auf als die jüngeren Arbeitnehmer. Diese begründet sich in der geringeren Erwerbsbeteiligung Älterer wie auch in den geringeren Ausbildungsabschlüssen. Mitarbeiter mit Fach- und Hochschulabschluss nehmen in stärkerem Maße an betrieblicher Weiterbildung teil. Neben diesen Faktoren wie auch den individuellen und kollektiven Altersbildern ist eine altersgerechte Gestaltung von Weiterbildungsmaßnahmen entscheidend für die Beteiligung Älterer an betrieblicher Weiterbildung. Häufig sind die Weiterbildungsaktivitäten an dem Lernverhalten der Jüngeren ausgerichtet, sodass Ältere meistens Schwierigkeiten haben, den Veranstaltungen zu folgen, was sich demotivierend auf sie auswirkt. Die betriebliche Weiterbildung sollte sich an den veränderten sensorischen Fähigkeiten Älterer wie auch an deren individuellen Lerntempi und Fähigkeiten orientieren.

7. Literaturverzeichnis

Amelang, Manfred; Bartussek, Dieter; Stemmler, Gerhard; Hagemann, Dirk: Intelligenz. In:Heuer, Herbert; Rösler, Frank; Tack, Werner H. (Hrsg.): Differentielle Psychologie und Persönlichkeitsforschung. 6. Aufl. Stuttgart 2006, S. 5 - 618

Anderson, John R.: Differentielle Aspekte der Kognition. In: Funke, Joachim (Hrsg.): Kognitive Psychologie. 6. Aufl. Berlin 2007, S. 1 - 606

Arnold, Rolf; Pätzold, Henning (Hrsg.): Weiterbildung und Beruf. In: Tippelt, Rudolf; von Hippelt, Aiga (Hrsg.): Handbuch Erwachsenenbildung/Weiterbildung, 3. Aufl., Wiesbaden 2009, S. 653 - 664

Asendorpf, Jens B. (Hrsg.): Persönlichkeitspsychologie. 2. Aufl. Heidelberg 2011

Azeez, Ulrike; Lorig, Barbara; Moraal, Dick; Schreiber, Daniel: Ein Blick hinter die Kulissen der betrieblichen Weiterbildung in Deutschland. In: BIB REPORT (Hrsg.): Heft 7, Bundesinstitut für Berufsbildung (BIBB), Bonn 2009, S. 1 - 12

Backes, Gertrud; Clemens, Wolfgang (Hrsg.): Lebensphase Alter. Eine Einführung in die sozialwissenschaftliche Altenforschung, In: Diewald, Martin/Hurrelmann, Klaus (Hrsg.): Grundlagentexte Soziologie. 3. überarb. Aufl., Weinheim/München 2008, S. 11 – 384

Bäcker, Gerhard; Brussig, Martin; Jansen, Andreas; Knuth, Matthias; Nordhause-Janz, Jürgen (Hrsg.): Ältere Arbeitnehmer. Erwerbstätigkeit und soziale Sicherheit im Alter, Wiesbaden 2009

Bäcker, Gerhard; Naegele, Gerhard; Bispinck, Reinhard; Hofermann, Klaus; Neubauer, Jennifer (Hrsg.): Sozialpolitik und soziale Lage in Deutschland. Grundlagen, Arbeit, Einkommen und Finanzierung, Wiesbaden 2010, 5. durchg. Aufl. Bd. 1

Bäcker, Gerhard; Naegele, Gerhard; Bispinck, Reinhard; Hofermann, Klaus; Neubauer, Jennifer (Hg.): Sozialpolitik und soziale Lage in Deutschland. Gesundheit, Familie, Alter und Soziale Dienste, Wiesbaden 2010, 5. durchg. Aufl. Bd. 2

Baltes, Paul B.; Baltes Margret M.: Gerontologie: Begriff, Herausforderung und Brennpunkte. In: Baltes, Paul B.; Mittelstraß, Jürgen (Hrsg.): Zukunft des Alterns und gesellschaftliche Entwicklung. Berlin 1992, S. 1 - 34

Bangali, Lucy (Hrsg.): Wie lange können, sollen, wollen ältere Arbeitnehmer noch arbeiten? Vortrag im Rahmen der Fachtagung auf der Grundlage § 37,6 BetrVG Veranstaltet von der IG Bergbau, Chemie, Energie des Bezirks Kornwestheim am 12.November 2004 in Kornwestheim, Tübingen 2004

Bartscher, Ann-Christin (Hrsg.): Personalentwicklung und Ältere Arbeitnehmer. Herausforderungen an eine altersgerechte Personalpolitik, 1. Aufl, Paderborn 2008

Bellmann, Lutz; Leber, Ute: Betriebliche Weiterbildung Älterer als Strategie zur Sicherung des Fachkräftebedarfs. In: Sozialer Fortschritt (Hrsg.): Jg. 60, Nr. 8, 2011, S. 168 - 175

Bilger, Frauke; von Rosenbladt, Bernhard: TNS Infratest Sozialforschung. In: Bundesministerium für Bildung und Forschung (Hrsg.): Weiterbildungsverhalten in Deutschland. AES 2010 Trendbericht, Bonn 2011, S. 5 - 40

Bögge, Benedikt (Hrsg.): Geragogik. Wie weit kann Bildung im Alter gehen? Pädagogik mit Menschen im Vierten Lebensalter, Hamburg 2009

Bründler, Paul; Bürgisser, Daniel; Lämmli, Dominique; Bornand, Jilline (Hrsg.): Einführung in die Psychologie und Pädagogik. Lerntext, Aufgaben mit kommentierten Lösungen und Glossar, Zürich 2004

Deutscher Bundestag (Hrsg.): Sechster Bericht zur Lage der älteren Generation in der Bundesrepublik Deutschland. Altersbilder in der Gesellschaft und Stellungnahme der Bundesregierung, Berlin 2010

Deutsches Institut für Erwachsenenbildung (Hrsg.): Trends der Weiterbildung. DIE-Trendanalyse 2008, Bielefeld 2008

Dollhausen, Karin: Einrichtungen. In: Deutsches Institut für Erwachsenenbildung (Hrsg.): Trends der Weiterbildung - DIE-Trendanalyse 2010. Bielefeld 2010, S. 35 - 69

Elias, Norbert: Zur Grundlegung einer Theorie sozialer Prozess. In: Zeitschrift für Soziologie (Hrsg.): Jg. 6, Heft 2, 04/1977, S. 127 - 149

Erlemeier, Norbert (Hrsg.): Alternspsychologie. Grundlagen für Sozial- und Pflege-berufe, Münster 1998

Esser, Hartmut (Hrsg.): Soziologie: allgemeine Grundlagen. 3. Aufl. Frankfurt a. Main/New York 1999

Faktum (Hrsg.): Lexikon der Psychologie. Gütersloh/München 1995

Faulstich, Peter: Weiterbildung. In: Cortina, Kai S.; Baumert, Jürgen; Leschinsky, Achim; Mayer, Karl Ulrich; Trommer, Luitgard (Hrsg.): Das Bildungswesen in der Bundesrepublik Deutschland. Strukturen und Entwicklungten im Überblick, Ham-burg 2008, S. 647 - 678

Fiedler, Klaus; Bless, Herbert: Soziale Kognition. In: Stroebe, Wolfgang; Jonas, Klaus; Hewstone, Miles (Hrsg.): Sozialpsychologie. Eine Einführung, 4. Aufl., Berlin/Heidelberg/New York 2003, S. 125 - 164

Flato, Ehrhard; Reinbold-Scheible, Silke (Hrsg.): Zukunftsweisendes Personalman-gement. Herausforderung demografischer Wandel, München 2008

Frerichs, Freirich: Arbeitsmarktpolitik und die Definition von Altersgrenzen. In: Entzian, Hildegard; Giercke, Klaus Ingo; Klie, Thomas; Schmidt, Roland Hrsg.): Soziale Gerontologie. Forschung und Praxisentwicklung im Pflegewesen und in der Altenarbeit, Frankfurt am Main 2000, S. 19 – 31

Fuchs, Johann; Söhnlein, Doris; Weber, Brigitte: Projektionen des Arbeitskräfteangebots bis 2050. Rückgang. Rückgang und Alterung sind nicht mehr aufzuhalten In: Institut für Arbeitsmarkt- und Berufsforschung (Hrsg.): IAB-Kurzbericht 16/2011, S. 1 - 8

Funke, Joachim; Vaterroth, Bianca (Hrsg.): Was ist Intelligenz? 3. Aufl. München 2009

Gerrig, Richard J.; Zimbardo, Phillip G. (Hrsg.): Psychologie. München 2008

Gillen, Julia; Elsholz, Uwe; Meyer, Rita: Soziale Ungleichheit in der beruflichen und betrieblichen Weiterbildung. Stand der Forschung und Forschungsbedarf, In: Hans Böckler Stiftung (Hrsg.): Arbeitspapier 191, Juni 2010, Düsseldorf 2010, S. 1 - 91

Gnahs, Dieter: Weiterbildung und ihre Segmente. In: Deutsches Institut für Erwachsenenbildung (Hrsg.): Trends der Weiterbildung - DIE-Trendanalyse 2010. Bielefeld 2010, S. 15 – 24, a

Gnahs, Dieter: Einleitung – Weiterbildung und Wirtschaftskrise. In: Deutsches Institut für Erwachsenenbildung (Hrsg.): Trends der Weiterbildung - DIE-Trendanalyse 2010. Bielefeld 2010, S. 11 - 14, b

Grotlüschen, Anke; Haberzeth, Erik; Krug, Peter: Rechtliche Grundlagen der Weiterbildung. In: Tippelt, Rudolf; von Hippel, Aiga (Hrsg): Handbuch Erwachsenenbildung/Weiterbildung. 3. überarb. u. erw. Aufl. Wiesbaden 2009, S. 347 - 366

Geißler, Rainer; Meyer, Thomas: Struktur und Entwicklung der Bevölkerung. In: Geißler, Rainer (Hrsg.): Die Sozialstruktur Deutschlands. Zur gesellschaftlichen

Entwicklung mit einer Bilanz zur Vereinigung, 6. Auflage, Wiesbaden 2011, S. 41 - 68

Gerok, Wolfgang; Brandstädter, Jochen: Normales, krankhaftes und optimales Alter: Variations- und Modifikationsspielräume, In: Baltes, Paul B.; Mittelstraß, Jürgen (Hrsg.): Zukunft des Alterns und gesellschaftliche Entwicklung. Berlin 1992, S. 356 - 385

Grobecker, Claire; Krack-Roberg; Sommer, Bettina: Bevölkerung. In: Statistisches Bundesamt (Hrsg.): Datenreport 2011. Ein Sozialbericht für die Bundesrepublik Deutschland, Bonn 2011, Bd. 1, S. 11 - 24

Hayes, Nicky: Kognitive Prozesse – eine Einführung. In: Gerstemaier, Jochen: Einführung in die Entwicklungspsychologie. München 1995, S. 11 - 279

Herrmann, Norbert (Hrsg.): Erfolgspotenziale älterer Mitarbeiter. Den demografischen Wandel souverän meistern, München 2008

Hof, Christiane (Hrsg.): Lebenslanges Lernen. Eine Einfürhung, Stuttgart 2009

Hofbauer, Hans: Materialien zur Situation älterer Erwerbspersonen in der Bundesrepublik Deutschland. In: Mitteilungenaus der Arbeitsmarkt- und Berufsforschung (Hrsg.), 15. Jg./1982, S. 99 - 110

Kals, Elisabeth; Gallenmüller-Roschmann, Jutta (Hrsg.): Arbeits- und Organisationspsychologie. 2. überarb. Aufl. Weinheim/Basel 2011

Karl, Dorothee (Hrsg.): Arbeitsfähigkeit, ein ganzheitlicher, integrativer Ansatz. Frankfurt am Main 2009

Karl, Fred: Gerontologie. In: Kreft, Dieter; Mielenz, Ingrid (Hrsg.): Wörterbuch soziale Arbeit. Aufgaben, Praxisfelder, Begriffe und Methoden der Sozialarbeit und Sozialpädagogik, Weinheim/München 2005, S. 363 - 365

Karl, Fred: Sozial- und verhaltenswissenschaftliche Gerontologie - ein multi- und interdisziplinäres Projekt. In: Karl, Fred (Hrsg.): Sozial – und verhaltenswissenschaftliche Gerontologie. Alter und Altern als gesellschaftliches Problem und individuelles Thema, Weinheim/München 2003, S. 7 - 17

Kauffeld, Simone (Hrsg.): Nachhaltige Weiterbildung. Betriebliche Seminare und Trainings entwickeln, Erfolge messen, Transfer sichern, Berlin/Heidelberg 2010

Kenntner, Georg; Buhl, Barbara; Menzel, Harald (Hrsg.): Sport, Lebensalter und Gesundheit. Soziologische, leistungsbiographische, antropometrische und medizinische Untersuchungen an Kraft-, Ausdauer- und Nichtsportlern im Seniorenalter, Bd. 1, Karlsruhe 2006

Koller, Barbara; Gruber, Hannelore: Ältere Arbeitnehmer im Betrieb und als Stellenbewerber aus der Sicht der Personalverantwortlichen. In: Mitteilungen aus der Arbeitsmarkt- und Berufsforschung (Hrsg.): 34. Jg./2001, Nürnberg 2001, S. 1 - 29

Kruse, Andreas: Alter im Lebenslauf. In: Baltes, Paul B./Mittelstraß, Jürgen (Hrsg.): Forschungsbericht 5. Zukunft des Alterns und gesellschaftliche Entwicklung, Berlin 1992, S. 331 - 355

Kruse, Andreas: Bildung im Alter. In: Rudolf, Tippelt; von Hippel, Aiga (Hrsg.): Handbuch Erwachsenenbildung/Weiterbildung. 3., überarbeitete und erweiterte Auflage, Wiesbaden 2009, S. 827 – 839

Kühn, Dietrich: Alte Menschen. In: Biermann, Benno/Bock.Rosenthal, Erika; Doehlemann; Grohall, Karl-Heinz; Kühn, Dietrich (Hrsg.): Soziologie. Studienbuch für soziale Berufe, 5. Aufl. München 2006, S. 138 - 155

Lehr, Ursula; Thomae, Hans (Hrsg.): Psychologie des Alterns. 9. Auflage, Wiebelsheim 2000

Lenz, Karl; Rudolph, Martina; Sickendieck, Ursel: Alter und Altern aus sozialgeronotlogischer Sicht. In: Lenz, Karl (Hrsg.): Die alternde Gesellschaft. Problemfelder gesellschaftlichen Umgangs mit Altern und Alter, Weinheim/München 1999, S. 7 - 96

Maltby, John/Day, Liz; Macaskill, Ann (Hrsg.): Differentille Psychologie, Persönlichkeit und Intelligenz. 2. Aufl. München 2011

Martin, Mike/Kliegel, Matthias (Hrsg.): Psychologische Grundlagen der Gerontologie. Stuttgart 2005

Martin, Mike; Kliegel, Matthias (Hrsg.): Psychologische Grundlagen der Gerontologie. 3. übera. U. erw. Aufl., Stuttgart 2010

Matolycz, Esther (Hrsg.): Pflege von alten Menschen. Wien 2011

Mayer, Karl Ulrich: Das Hochschulwesen. In: Cortina, Kai S.; Baumert, Jürgen; Leschinsky, Achim; Mayer, Karl Ulrich; Trommer, Luitgard (Hrsg.): Das Bildungswesen in der Bundesrepublik Deutschland. Strukturen und Entwicklungten im Überblick, Hamburg 2008, S. 599 - 646

Mayer, Karl Ulrich; Baltes, Paul B.: Vorwort zur Erstauflage. In: Lindenberger, Ulmann; Smith, Jacqui; Mayer, Karl Ulrich; Baltes, Paul B. (Hrsg.): Die Berliner Altersstudie. 3. erw. Aufl., Berlin 2010, S. 7 - 16

Naegele, Gerhard (Hrsg.): Zwischen Arbeit und Rente. Gesellschaftliche Chancen und Risiken älterer Arbeitnehmer, Augsburg 1992

Oswald, Wolf. D.: Gedächtnis. In: Oswald, Wolf D.; Gatterer, Gerald; Fleischmann, Ulrich D. (Hrsg.): Gerontopsychologie. Grundlagen und klinische Aspekte zur Psychologie des Alterns, 2. akt. u. erw. Aufl., Wien 2008

Prahl, Hans-Werner; Schroeter Klaus R. (Hrsg): Soziologie des Alterns. Eine Einführung, Paderborn 1996

Prezewowsky, Michel (Hrsg.): Demografischer Wandel und Personalmanagement. Herausforderungen und Handlungsalternativen vor dem Hintergrund der Bevölkerungsentwicklung. 1. Aufl., Wiesbaden 2007

Reischies, F. M.; Lindenberger U.: Grenzen und Potenziale kognitiver Leistungsfähigkeit im Alter. In: Lindenberger, Ulmann; Smith, Jacqui; Mayer, Karl Ulrich; Baltes, Paul B. (Hrsg.): Die Berliner Altersstudie. 3. erw. Aufl., Berlin 2010, S. 375 - 402

Roßnagel, Stamov (Hrsg.): Mythos „alter" Mitarbeiter. Lernkompetenz jenseits der 40?!, 1. Aufl. Weinheim/Basel 2008

Rupprecht, R.: Psychologische Theorien zum Alterungsprozess. In: Oswald, Wolf Dieter; Gatterer, Gerald; Fleischmann, Ulrich M. (Hrsg.): Gerontopsychologie. Grundlagen und klinische Aspekte zur Psychologie des Alterns, 2. Aufl., Wien 2008, S. 13 - 26

Schäfer, Sabine; Bäckmann, Lars: Normales und patoholgisches kognitives Altern. In: Brandtstädter, Jochen; Lindenberger, Ulman (Hrsg.): Entwiccklungspsychologie der Lebensspanne. Ein Lehrbuch, 1. Aufl. Stuttgart 2007, S. 245 - 269

Schäuble, Gerhard (Hrsg.): Sozialisation und Bildung der jungen Alten vor und nach der Berufsaufgabe. Bremen 1995

Schneider, Cornelia (Hrsg.): Pflege und Betreuung bei psychischen Alterserkrankungen. Eine gerontosoziologisch-pflegewissenschaftliche Analyse, Wien 2007

Smith, J.; Baltes, P. B.: Lebenslagen und soziale Ungleichheit im Alter. In: Lindenberger, Ulmann; Smith, Jacqui; Mayer, Karl Ulrich; Baltes, Paul B. (Hrsg.): Die Berliner Altersstudie. 3. erw. Aufl., Berlin 2010, S. 275 - 300

Statistisches Bundesamt (Hrsg.): Berufliche Weiterbildung in Unternehmen. Dritte europäische Erhebung über die berufliche Weiterbildung in Unternehmen (CVTS3) 2007, Wiesbaden 2008

Stegmaier, Jens: Betriebliche Berufsausbildung und Weiterbildung in Deutschland. In: Institut für Arbeitsmarkt- und Berufsforschung (Hrsg.): Mai 2010, Nürnberg 2010, S. 1 - 56

Stolz, Michael: Vernunst. Funktion des Rationalen im Werk Heinrichs von Mügel. In: Eckart Conrad Lutz; Haubrichs, Wolfgang; Ridder von Schmidt, Klaus (Hrsg.): Wolframstudien XX: Reflexion und Inszenierung von Rationalität in der mittelalter-lichen Literatur, Berlin 2008, S. 205 - 228

Tenorth, Heinz-Elmar; Tippelt, Rudolf (Hrsg.): Lexikon Pädagogik. Weinheim , Basel 2007

Tesch-Römer, Clemens (Hrsg.): Soziale Beziehungen alter Menschen. 1. Aufl., Stuttgart 2010

Tews, Hans Peter: Neue und alte Aspekte des Strukturwandels des Alters. In: Naege-le, Gerhard; Tews, Hans Peter: Lebenslagen im Strukturwandel des Alters. Alternde Gesellschaft – Folgen für die Politik, Opladen 1993, S. 15 – 42

Tippelt, Rudolf; Schmidt, Bernahard; Kuwan, Helmut: Bildungsteilnahme. In: Tip-pelt, Rudolf; Schmidt, Bernhard; Schnurr, Simone; Sinner, Simone; Theisen, Catha-rina (Hrsg.): Bildung Älterer. Chancen im demografischen Wandel, Bielfeld 2008

Tippelt, Rudolf: Demografischer Wandel und das Lernen Älterer. In: Wolter, Andrä; Wiesner, Giesela; Koepernik, Claudia (Hrsg.): Der lernende Mensch in der Wissens-gesellschaft. Perspektiven lebenslangen Lernens, Weinheim/München 2010, S. 35 - 52

Wagner, Michael; Schütze, Yvonne; Lang, Frieder R.: Soziale Beziehungen alter Menschen. In: Lindenberger, Ulmann; Smith, Jacqui; Mayer, Karl Ulrich; Baltes, Paul B. (Hrsg.): Die Berliner Altersstudie. 3. erw. Aufl., Berlin 2010, S. 325 - 344

Wahl, Hans-Werner; Heyl, Vera: Sensorik und Sensomotorik. In: Brandstädter, Jochen; Lindenberger, Ulmann (Hrsg.): Entwicklungspsychologie der Lebensspanne. Ein Lehrbuch, 1. Aufl. Stuttgart 2007, S. 130 - 161

Weinert, Franz E.: Altern in psychologischer Perspektive. In: Baltes, Paul B.; Mittelstraß, Jürgen (Hrsg.): Zukunft des Alterns und gesellschaftliche Entwicklung. Berlin 1992, S. 180 - 203

Wiese, Kirsten (Hrsg.): Von Greisenrepublik bis Generation 50plus. Die sprachliche Darstellung von Altersbildern in ausgewählten Zeitschriften, 1. Aufl. Berlin 2010

8. Internetquellenverzeichnis

http://www.doku.iab.de/kurzgraf/2010/kbfolien12102.pdf, eingesehen am 03.01.2012

http://www.arbeitsagentur.de/nn_27584/zentraler-Content/A05-Berufl-Qualifizierung/A052-Arbeitnehmer/Allgemein/Arbeitgeberinformationen-FbW.html#d1.1, eingesehen am 08.02.2012

http://www.arbeitsagentur.de/nn_193154/zentraler-Content/A06-Schaffung/A062-Beschaeftigungsverhaeltnisse/Allgemein/Entgeltsicherung-fuer-aeltere-Arbeitnehm.html, eingesehen am 08.02.2012

http://www.ergonassist.de/Publikationen/Potenziale%20aelterer%20Mitarbeiter.pdf, eingesehen am 09.02.2012 http://www.bildungsforschung.org/index.php/bildungsforschung/article/view/32/30, eingesehen am 10.02.2012

http://de.wikipedia.org/wiki/Biologie, eingesehen am 20.02.2012

http://www.dge-niedersachsen.de/dokumentationen/pdfs/GesundheitundAlter_8_2_ BeitragStrube.pdf, eingesehen am 20.02.2012).

http://www.pmc1.de/Prozess%20Definition.html, eingesehen am 22.02.2012

http://de.wikipedia.org/wiki/Alter, gesehen am 23.02.2012

www3.psychologie.hu-berlin.de/ingpsy/alte Verzeichnisse - Arb1/Lehrveranst/seminar/psych_technik/alte_am_automaten/veränderungen in alter schön.htm, eingesehen am 25.02.2012

http://www.emk.tu-darmstadt.de/~weissmantel/sensi/kap4.pdf, eingesehen am 25.02.2012

http://homepage.univie.ac.at/michael.trimmel/kogpsych_ws2001-2002/mallich1.pdf, eingesehen am 28.02.2012

http://www.generation-gold.biz/bilder/beitraege/beitrag_332.pdf, eingesehen am 04.03.2012

http://groups.uni-paderborn.de/psychologie/scha-vortrag-lernumgebungen.pdf, eingesehen am 04.03.2012

http://psychology.about.com/od/aindex/g/ageism.htm, eingesehen am 04.03.2012

http://www.kmk.org/fileadmin/veroeffentlichungen_beschluesse/2000/2000_04_14_ Selbstgesteuertes_Lernen.pdf, eingesehen am 12.03.2012

http://www.die-bonn.de/Institut/Wir-ueber-uns/Presse/Presseartikel.aspx?id=191,
eingesehen am 10.04.2012

Abbildungsverzeichnis

Autorenprofil

Nach einem Auslandspraktikum in Kathmandu entschloss sich die Autorin zu einem Studium der Diplom-Sozialwissenschaften mit den Fächern Soziologie, Psychologie, Soziale Arbeit und Erziehung. Während des gesamten Studiums weckte insbesondere die Thematik des demographischen Wandels und dessen Auswirkungen auf gesellschaftliche Bereiche, wie der Arbeitswelt oder der Ausgestaltung der Sozialen Sicherungssysteme, das Interesse der Autorin. Die Theorien der Entwicklungspsychologie im Erwachsenenalter lagen der Autorin ebenso am Herzen.

Seit dem Abschluss ihres Studiums ist die Autorin als Jobcoach in einer beratenden Funktion in der Erwachsenenbildung tätig, wobei sie ihre erworbenen Kenntnisse zum Personalmanagement bzw. –entwicklung einbringen kann.

17687703R00054

Printed in Poland
by Amazon Fulfillment
Poland Sp. z o.o., Wrocław